Das Maggi Kochstudio hilft, berät, gibt Tipps: Seit Ende der 60er Jahre ist die Telefonnummer auf den ca. 650 Millionen Maggi Produkten zu finden.

udio
e
im
finiert
gel
ken
ich.

„Soßentag im Maggi Kochstudio": Der erste TV-Spot ist ein voller Erfolg

Regelmäßig werden Produkt-Informationen und Rezept-Broschüren an Zeitschriften-Redaktionen, Beratungsinstitutionen, aber vor allem an die Verbraucher versandt.

Telefonische Beratung ist nur eine von vielen Leistungen, die das Maggi Kochstudio umfasst.

1972 1973 1974 1975 1976 1977 1978 1979 1980 1981 1982 1983

Die besten Rezepte aus 50 Jahren Maggi Kochstudio

Die Menschen, die Story – alles zum großen Jubiläum

Zum großen Maggi Kochstudio Jubiläum!

Sonderausgabe

Maggi KOCHSTUDIO

Die besten Rezepte

aus 50 Jahren

Tre Torri

Inhalt

Maggi
KOCHSTUDIO

Liebe Freunde des Maggi Kochstudios,

am 9. Juni 1959, vor 50 Jahren also, fing sie an: die Erfolgsgeschichte unseres Maggi Kochstudios. Aus einer kleinen Vorführküche mit Rezeptdienst entwickelte sich rasch eine der Institutionen in Sachen Kochen und Genießen.

So erreichen unser Team heute jährlich rund 50.000 Anfragen per Post, Telefon oder E-Mail. Hinzu kommen etwa 1 Million persönliche Kontakte pro Jahr in den beliebten Maggi Kochstudios „live“ in Frankfurt, Leipzig, Hamburg, Dortmund und München. Grund genug, Ihnen diese Entwicklung mit dem vorliegenden Buch etwas näher zu bringen. Mit unterhaltsamen Rückblenden, einer Zeitreise durch die letzten fünf Jahrzehnte mit Rezepten, die inzwischen Kult-Status erreicht haben, und natürlich mit einem Blick nach vorn – in Form von vielen schmackhaften Rezepten und Ideen, die wie seit jeher leicht nachzukochen sind.

50 Jahre Maggi Kochstudio – das haben wir letztlich auch gemeinsam mit Ihnen, unseren Verbrauchern, geschafft. Herzlichen Dank an dieser Stelle für Ihr Vertrauen und Ihre Treue.

So freuen wir uns weiterhin in den kommenden Jahren auf den persönlichen Kontakt mit Ihnen und auf ein genussvolles, ausgewogenes Kochen mit Spaß!

Ihre

Gunda-Hedi Pfeifer
Leiterin Maggi Kochstudio

Einleitung

Mit Tapetenwechsel durch 50 Jahre Rezeptideen!

Die 50er Jahre

Endlich sind die mageren Nachkriegsjahre vorbei, es gibt wieder reichlich Butter auf dem Brot und viel Fleisch auf dem Teller. Echte Renner aus den Fifties: Schinkenröllchen. Je drei weiße Spargelstangen aus dem Glas wurden locker in eine dünn mit Mayonnaise bestrichene Kochschinkenscheibe gewickelt und mit Schnittlauchhalmen verziert.

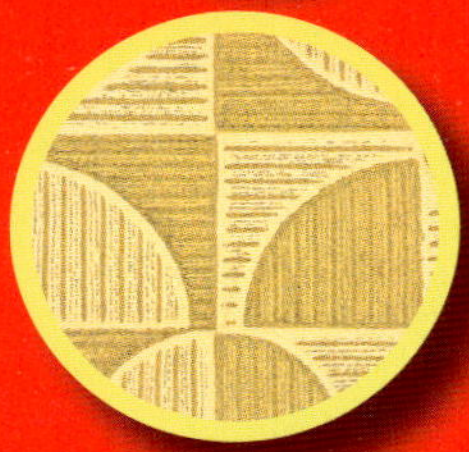

Die 60er Jahre

Das Wirtschaftswunder nimmt seinen Lauf und von den Urlaubsreisen nach Italien bringt man Appetit auf Neues mit. Deshalb führt Maggi in Deutschland die ersten fertigen Eier-Ravioli in der Dose ein, bis heute ein Klassiker mit großer Beliebtheit.

Die 70er Jahre

Die Begeisterung für die französische Küche erreicht bei uns ihren Höhepunkt. In geselliger Runde genießt man Cordon bleu, edles Filet Wellington oder Fondue bourguignonne, das klassische Rindfleisch-Fondue.

Die 80er Jahre

Kir Royal – die gleichnamige Fernsehserie machte das Getränk zum Kult-Drink. Der Aperitif sorgt auch heute noch für gute Laune: jeweils ein Esslöffel schwarzen Johannisbeer-Likör in ein Kelchglas geben und mit eiskaltem trockenen Sekt aufgießen. Dazu isst man Kartoffelpuffer mit Lachs und zum Nachtisch genießt man Tiramisu.

Die 90er Jahre

Der grüne Punkt, fünfstellige Postleitzahlen und Generation Golf sind nur drei Beispiele, die die 90er Jahre prägen. Kulinarisch steht zum Beispiel das Kochen im Wok ganz oben auf dem Speiseplan. Auch der überaus beliebte Schichtsalat darf bei keiner Grillparty fehlen.

Maggi KOCHSTUDIO 50 Jahre

Lieblings-Rezept

In den letzten 50 Jahren haben Sie sich aus den Maggi Kochstudio Rezepten, die millionenfach nachgekocht wurden, Ihre Lieblingsrezepte ausgesucht. Die beliebtesten Maggi Rezepte aller Zeiten finden Sie in diesem Buch.

Kult-Rezept

Im Laufe der Jahre haben sich wahre Kultrezepte entwickelt. Ein Beispiel ist das Zwiebelschnitzel Meisterklasse, das ein wahrer Renner geworden ist. Hier wurde mit Maggi Meisterklasse Zwiebelsuppe gekocht – raffiniert und „kultig" zugleich. Entdecken Sie weitere legendäre Rezepte aus 50 Jahren Maggi Kochstudio.

Willkommen in der Welt des Maggi Kochstudios

Das Maggi Kochstudio hilft, berät, gibt Tipps – 365 Tage im Jahr.

MAGGI® KOCHSTUDIO

Das Team vom Maggi Kochstudio wünscht Ihnen viel Freude beim Kochen und Genießen!

Die Ernährungsplus-Symbole

Ernährungsplus-Symbole
Damit gibt Ihnen das Maggi Kochstudio auf einen Blick wichtige Informationen zu jedem Rezept. Sie finden sie auf allen Verpackungen und unter jedem Rezept.

Dieses Ernährungsplus-Symbol findet sich bei Rezepten, in denen sich die Hauptnährstoffe **besonders ausgewogen** zusammensetzen (Eiweiß: 15-20%, Fett: 25-30%, Kohlenhydrate: 50-60%).

Mit dem Symbol **„fettbewusst"** können Sie Fett einsparen. Denn „fettbewusste" Gerichte enthalten mindestens 30% weniger Fett als herkömmliche Gerichte.

Mit dem Symbol **„kalorienbewusst"** erkennen Sie Gerichte, die mindestens 30% weniger Kalorien enthalten als herkömmliche Gerichte.

Für alle, die auf Fleisch verzichten wollen: Rezepten mit dem Ernährungsplus-Symbol **„vegetarisch"** liegt eine „ovolacto-vegetabile Rezeptur" zugrunde (also rein aus pflanzlichen Zutaten, Milcherzeugnissen und Eiern).

Dieses Ernährungsplus-Symbol findet sich bei Rezepten, die je nach Mahlzeit 7-9 g **Ballaststoffe** enthalten und damit einen echten Beitrag dazu leisten, die täglich empfohlene „Ballaststoffration" von 30 g zu erreichen.

In diesen Gerichten ist **Olivenöl** enthalten, das sich durch seinen hohen Anteil an einfach ungesättigten Fettsäuren auszeichnet und zudem cholesterinfrei ist.

Dieses Ernährungsplus-Symbol findet sich bei Rezepten mit reinem **Sonnenblumenöl.** Dieses ist cholesterinfrei, reich an Vitamin E und besitzt einen hohen Gehalt an der essenziellen Fettsäure Linolsäure.

Kochen macht Spaß!

Die Eröffnung des Maggi Kochstudios

Als Direktor Dr. Max Gloor am 9. Juni 1959 die Schlüssel an die erste Leiterin des Maggi Kochstudios übergab, war das Maggi Kochstudio lediglich in einem kleinen Gästeraum untergebracht, mit einem Herd und einem Tisch, den sich die hauswirtschaftlichen Beraterinnen bei ihrer Arbeit teilten. Engagierte Bürokräfte und ein qualifizierter Kochwissenschaftler unterstützten das Team nach Kräften. Als erstes wurde eine Bibliothek eingerichtet, welche schnell zu einer ausgezeichnet bestückten Informationsquelle heranwuchs, die auch heute noch ständig ergänzt und erweitert wird. Fast zeitgleich entstand ein Rezeptdienst für Redaktionen, Schulen und Verbraucher.

In kürzester Zeit etablierte sich eine allseits anerkannte und entsprechend in Anspruch genommene Institution. So übernahm das Maggi Kochstudio bereits im ersten Jahr seines Bestehens die fachliche Beratung des telefonischen Küchendienstes der Deutschen Postreklame.

Bereits nach zwei Jahren hatten die Aktivitäten des Maggi Kochstudios einen Umfang erreicht, der eine großzügige Erweiterung der Räumlichkeiten erforderlich machte.

**„Guten Tag, liebe Hausfrau.
Hier spricht das Maggi Kochstudio!"**

Mit diesen Worten und einer flotten Erkennungsmelodie kam das Maggi Kochstudio bereits Anfang der 60er Jahre regelmäßig aus dem Radio in die Küche. Eine kurzweilige Sendung mit vielen nützlichen und praktischen Tipps rund um Kochen, Haushalt und Ernährung. Die Mitarbeiterinnen des Maggi Kochstudios wussten stets Rat – und das bis heute!

Zusätzlich zu den Radiosendungen veranstaltete das Maggi Kochstudio in vielen deutschen Städten regelmäßig Kochseminare und wurde bald darauf zum TV-Star: Das Maggi Kochstudio ging ins Fernsehen. Seit 1962 präsentieren die Beraterinnen in einem professionellen Studio mit modernster Küchen- und TV-Technik neue Ideen für schnelle und leckere Rezepte.

Informieren, beraten, das Kochen einfacher machen – die Philosophie des Firmengründers Julius Maggi bildet die Basis für das Maggi Kochstudio und die Produkte.

Spargel-Schinken-Röllchen

5 Stück (Zubereitungszeit 15 Min.)

1 Frühlingszwiebel, 4 EL THOMY Delikatess-Mayonnaise, 1 EL fein gehackte Petersilie, 1 EL gehackter Kerbel, 1 EL Schnittlauchröllchen, MAGGI Würzmischung 1 – gebratenes Fleisch, 1 Glas (580 ml) LIBBY´S Stangenspargel, 5 Scheiben gekochter Schinken

1. Frühlingszwiebel putzen, waschen und in dünne Ringe schneiden.
2. THOMY Delikatess-Mayonnaise mit Petersilie, Kerbel, Schnittlauchröllchen und den Frühlingszwiebeln verrühren. Mit MAGGI Würzmischung 1 würzen und abschmecken.
3. LIBBY´S Stangenspargel abgießen und gut abtropfen lassen.
4. Die Kräuter-Mayonnaise auf den Schinkenscheiben verteilen. Auf jede Scheibe 3-4 Spargelstangen legen und in den Schinken einrollen.

Tipp: Besonders hübsch sehen die Spargelröllchen aus, wenn Sie sie mit Schnittlauchhalmen (vorher kurz in kochendes Wasser tauchen!) zubinden.

MAGGI KOCHSTUDIO Ernährungsinfo:

Je Stück:
B: 782 kJ (189 kcal)
N: E 6g, KH 1g, F 17g

Die 50er Jahre

Tomatenfliegenpilze und Russische Eier auf Kartoffelsalat

6 Portionen (Zubereitungszeit 70 Min.)

1 kg Kartoffeln, 150 g durchwachsener u. geräucherter Speck, 3 EL THOMY Reines Sonnenblumenöl, 1 Zwiebel, 1 Würfel MAGGI Klare Fleisch Suppe, 5 EL Weißweinessig, 3 TL THOMY Delikatess-Senf, frisch gemahlener Pfeffer, 1 kleine Salatgurke, 1 Bund Schnittlauch, 9 Eier, 3 Tomaten, 9 TL + 1 EL THOMY Delikatess-Mayonnaise

1. Für den Kartoffelsalat: Kartoffeln waschen, in der Schale kochen, schälen und in Scheiben schneiden.
2. Speck in Würfel schneiden. In einem Topf 1 EL THOMY Reines Sonnenblumenöl heiß werden lassen. Speck darin knusprig braten. Herausnehmen und zur Seite stellen.
3. Zwiebel schälen, in Würfel schneiden und im Bratfett glasig andünsten.
4. 125 ml Wasser zugießen, zum Kochen bringen und MAGGI Klare Fleisch Suppe darin auflösen. Weißweinessig, 2 EL THOMY Reines Sonnenblumenöl und 2 TL THOMY Delikatess-Senf unterrühren. Mit Pfeffer würzen und über die Kartoffeln gießen.
5. Salatgurke putzen, waschen, evtl. schälen, der Länge nach halbieren, Kerne entfernen und in Scheiben schneiden. Gurke und Speckwürfel vorsichtig unter die Kartoffeln mischen.
6. Schnittlauch waschen, trocken schütteln und in Röllchen schneiden.
7. Für die Tomatenfliegenpilze: Eier in ca. 10 Min. hart kochen, pellen und 3 Eier zur Seite legen. Von 6 Eiern an der breiten Seite eine Scheibe abschneiden, damit die Eier eine Standfläche bekommen.
8. Tomaten waschen, den Blütenansatz entfernen, halbieren und etwas aushöhlen. In die Mulden 6 TL THOMY Delikatess-Mayonnaise geben. Tomatenhälften auf die spitze Seite der Eier setzen. Die roten Pilzhüte mit 3 TL THOMY Delikatess-Mayonnaise betupfen.
9. Für die Russischen Eier: Restliche Eier der Länge nach halbieren, das Eigelb herauslösen und mit 1 EL THOMY Delikatess-Mayonnaise und 1 TL THOMY Delikatess-Senf zu einer geschmeidigen Masse verrühren. In einen Spritzbeutel füllen und in die Eihälften spritzen.
10. Den Kartoffelsalat in eine flache Schüssel geben, mit den Schnittlauchröllchen bestreuen, Tomatenfliegenpilze und Russische Eier dekorativ darauf anrichten.

MAGGI KOCHSTUDIO Ernährungsinfo:

Je Portion:
B: 2241 kJ (537 kcal)
N: E 20g, KH 29g, F 36g

Kohlrouladen

6 Portionen (Zubereitungszeit 60 Min.)

1 Kopf Weißkohl, Salz, 1 Beutel MAGGI fix & frisch Hackbraten, 400 g gemischtes Hackfleisch, 100 g roher Schinken, 1 TL gemahlener Kümmel, Küchengarn, 4 EL THOMY Reines Sonnenblumenöl, 1 TL MAGGI Klare Brühe, 2 EL Crème fraîche

1. Weißkohl putzen, waschen und den Strunk entfernen. In Salzwasser 20 Min. kochen und abtropfen lassen. Blätter ablösen und Rippen flach schneiden.
2. MAGGI fix & frisch Hackbraten in 125 ml Wasser einrühren. Hackfleisch zugeben. Schinken in Würfel schneiden und zugeben. Mit Kümmel würzen und alles gut vermengen.
3. Für 6 Rouladen jeweils 2-3 Kohlblätter übereinander legen, den Hackfleischteig darauf verteilen und zu Rouladen aufrollen. Mit Küchengarn fixieren.
4. In einem Topf THOMY Reines Sonnenblumenöl heiß werden lassen. Die Kohlrouladen darin anbraten.
5. 250 ml Wasser zugießen und MAGGI Klare Brühe darin auflösen. Die Kohlrouladen ca. 30 Min. zugedeckt schmoren. Crème fraîche in den Bratenfond einrühren.

Servieren Sie dazu Salzkartoffeln oder MAGGI Kartoffelpüree.

MAGGI KOCHSTUDIO Ernährungsinfo:

mit Sonnenblumenöl

Je Portion:
B: 1405 kJ (336 kcal)
N: E 19g, KH 15g, F 21g

1961: Ein Platz in einem der zahlreichen Kochkurse war sehr begehrt. Das Flambier-Seminar war seiner Zeit weit voraus.

1964: Spezielle Kochvorführung für Sekretärinnen

Schon damals nahmen fast täglich rund 100 Personen an den Kochvorführungen im Maggi Kochstudio teil. Gäste waren u.a. Hausfrauen- und Landfrauenverbände, hauswirtschaftliche Fach- und Lehrkräfte sowie Schulklassen, die mit regem Interesse – und wachsendem Appetit – der Zubereitung von neuen Rezeptideen rund um die Maggi Produkte folgten und nebenbei so manchen praktischen Tipp für die tägliche Nahrungszubereitung mit nach Hause nahmen. Seit jeher stand bzw. steht jedoch immer die produktneutrale, verbrauchergerechte Beratung im Vordergrund.

1961: Fräulein Prätorius bei der Arbeit

1961: Testesser prüfen, was wie und am besten schmeckt. Der Sieger wurde mit dem Feinschmecker-Diplom ausgezeichnet.

1964: Das Maggi Kochstudio auf der hauswirtschaftlichen Bundesausstellung in Hannover.

Ravioli Bella Italia

3 Portionen (Zubereitungszeit 15 Min.)

1 Bund Basilikum, 1 Knoblauchzehe, 2 Zucchini, 2 EL Olivenöl, Fondor, frisch gemahlener Pfeffer, 1 Dose (830 ml) MAGGI Ravioli in Tomatensauce

1. Basilikum waschen, trocken schütteln, Blätter von den Stielen zupfen und klein schneiden. Knoblauchzehe schälen und in kleine Würfel schneiden. Zucchini putzen, waschen, halbieren und in Scheiben schneiden.
2. In einem Topf Olivenöl heiß werden lassen. Zucchini und Knoblauch darin andünsten. Mit Fondor und Pfeffer würzen und abschmecken.
3. MAGGI Ravioli in Tomatensauce und das Basilikum zufügen und heiß werden lassen.

Servieren Sie dazu einen Blattsalat.

MAGGI KOCHSTUDIO Ernährungsinfo:

Je Portion:
B: 1319 kJ (314 kcal)
N: E 11g, KH 37g, F 12g

Hoppel-Poppel

2 Portionen (Zubereitungszeit 25 Min.)

350 g gekochte Kartoffeln, 1 große Zwiebel, 50 g durchwachsener u. geräucherter Speck, 2 EL THOMY Reines Sonnenblumenöl, 200 g Schweine- oder Putengeschnetzeltes, MAGGI Würzmischung 1 – gebratenes Fleisch, 5 Eier, 1 EL MAGGI Würze, 2 EL fein gehackte Petersilie

1. Kartoffeln in Würfel schneiden. Zwiebel schälen und in Würfel schneiden.
2. Speck in kleine Würfel schneiden.
3. In einer Pfanne THOMY Reines Sonnenblumenöl heiß werden lassen. Geschnetzeltes darin anbraten. Kartoffeln und Zwiebelwürfel zugeben und alles goldbraun braten. Mit MAGGI Würzmischung 1 kräftig würzen.
4. Eier mit MAGGI Würze verquirlen. In die Pfanne gießen und bei geringer Wärmezufuhr stocken lassen. Dabei gelegentlich umrühren. Den Hoppel-Poppel mit Petersilie garniert servieren.

Servieren Sie dazu einen Blattsalat.

Tipp: Hoppel-Poppel ist ein klassisches „Reste-Gericht". Anstelle des Geschnetzelten können Sie auch Bratenreste verwenden.

MAGGI KOCHSTUDIO Ernährungsinfo:

mit Sonnenblumenöl

Je Portion:
B: 2776 kJ (664 kcal)
N: E 50g, KH 29g, F 38g

Schaschlik

4 Spieße (Zubereitungszeit 60 Min.)

400 g Schweinefleisch, 4 kleine Zwiebeln, 1 rote Paprikaschote, 100 g Schinkenspeck am Stück, 4 Metallspieße, MAGGI Würzmischung 1 – gebratenes Fleisch, 1 EL THOMY Reines Sonnenblumenöl, 1 Beutel MAGGI Meisterklasse Zwiebel-Sauce »fettarm«, 1 EL Tomatenmark

1. Schweinefleisch waschen, trocken tupfen und in Würfel schneiden.
2. Zwiebeln schälen und in Viertel schneiden. Paprikaschote waschen, Kerne und weiße Innenhäute entfernen und in große Würfel schneiden.
3. Schinkenspeck in Scheiben schneiden.
4. Die Zutaten abwechselnd auf Spieße stecken. Mit MAGGI Würzmischung 1 würzen.
5. In einer Pfanne THOMY Reines Sonnenblumenöl heiß werden lassen. Die Spieße darin von allen Seiten anbraten und aus der Pfanne nehmen.
6. 250 ml Wasser zugießen und erwärmen. MAGGI Meisterklasse Zwiebel-Sauce »fettarm« und Tomatenmark einrühren und zum Kochen bringen. Die Spieße zugeben und zugedeckt ca. 30 Min. bei mittlerer Wärmezufuhr schmoren.

Servieren Sie dazu Reis.

MAGGI KOCHSTUDIO Ernährungsinfo:

Kalorienbewusst

Je Spieß:
B: 1167 kJ (279 kcal)
N: E 27g, KH 9g, F 14g

Die 60er Jahre

Ragout fin

4 Portionen (Zubereitungszeit 30 Min.)

400 g Hähnchenbrustfilet, MAGGI Würzmischung 2 – Gemüse & helle Soßen, 200 g braune Champignons, 2 TL Zitronensaft, 2 EL Butter, 1 Beutel MAGGI fix & frisch Rahm Geschnetzeltes, 4 EL Sahne, 1 TL Worcester-Soße, 4 Blätterteig-Pasteten, 1 EL gehackte Petersilie

1. Backofen auf 200°C Ober-/Unterhitze (170°C Umluft) vorheizen.
2. Hähnchenbrustfilet waschen, trocken tupfen, in Würfel schneiden und kräftig mit MAGGI Würzmischung 2 würzen.
3. Champignons putzen, in Viertel schneiden und mit 1 TL Zitronensaft beträufeln.
4. In einer Pfanne Butter heiß werden lassen. Das Fleisch darin braten, Champignons zugeben und mitbraten.
5. 300 ml Wasser zugießen. MAGGI fix & frisch Rahm Geschnetzeltes einrühren, zum Kochen bringen und ca. 2 Min. kochen. Sahne unterrühren. Mit Worcester-Soße und 1 TL Zitronensaft würzen und abschmecken.
6. Blätterteig-Pasteten im Backofen ca. 10 Min. nach Packungsanweisung heiß werden lassen und anschließend mit dem Ragout fin füllen. Mit Petersilie garniert servieren.

MAGGI KOCHSTUDIO Ernährungsinfo:

Je Portion:
B: 1651 kJ (394 kcal)
N: E 28g, KH 16g, F 23g

Das Maggi Kochstudio veranstaltete schon Ende der 60er Jahre in Zusammenarbeit mit Zeitschriften, wie zum Beispiel FÜR SIE, Wettbewerbe für Hausfrauen und Fachschüler. Alle Einsendungen wurden von der damaligen Leiterin des Maggi Kochstudios, Annette Schmedding, und einem neutralen Fachgremium ausgewertet. Die Resonanz war damals schon überwältigend.

1969: Die Kochvorführungen im Maggi Kochstudio wurden im Laufe der Zeit immer innovativer und moderner.

Das Maggi Kochstudio im Dialog mit dem Verbraucher

1964: Aus der Praxis für die Praxis – im Maggi Kochstudio schon immer eine Selbstverständlichkeit.

1970: Kochwettbewerb „Meine Familie und Ich"

1970/1971 wird das Maggi Kochstudio umgebaut: Die Vorführküche steht nun im Mittelpunkt. Ein raffiniert angebrachter Spiegel macht das Topfgucken für alle Gäste möglich.

1965: Frau Schmedding, die damalige Leiterin des Maggi Kochstudios, während eines Kochseminars.

1969: 10 Jahre Maggi Kochstudio – das muss gefeiert werden.

Das Frankfurter Kochbuch richtete sich an Hausfrauen und die, die es werden wollten. Die Broschüre enthielt zahlreiche leckere, leicht nachzukochende Rezepte, die in Themen eingeteilt waren. Etwa Wild und Geflügel oder aber leichte Kost. Darüber hinaus gab es die Rubrik „Kochschule“, in der Schritt für Schritt die Zubereitung von Braten oder Soßen erklärt wurde.

Besonders begehrt war die Jahr für Jahr neu aufgelegte Broschüre „Frankfurter Frühjahrskur“, deren Rezepte auch zusätzlich in zahlreichen Tageszeitungen und Illustrierten Verbreitung fanden. Themen waren hier Leichtes und Schmackhaftes, Tipps zum Abnehmen und Vorschläge für Sportübungen.

Krabbencocktail

4 Portionen (Zubereitungszeit 30 Min.)

250 g tiefgefrorene Krabben, 2 EL Zitronensaft, 1 Scheibe Ananas (aus der Dose), 50 g Spargel (aus dem Glas), 50 g Champignons (aus dem Glas), 100 g THOMY Delikatess-Mayonnaise, 2 EL Tomaten-Ketchup, 4 Tropfen Tabasco, 2 cl Weinbrand, 2 TL THOMY Meerrettich, 8 Blätter Kopfsalat, 4 gefüllte Oliven

1. Krabben auftauen lassen, waschen, trocken tupfen, mit Zitronensaft beträufeln und in einer Schüssel etwas durchziehen lassen.
2. Ananas, Spargel und Champignons abtropfen lassen, in Stücke bzw. in Scheiben schneiden und zu den Krabben geben.
3. In einer Schüssel THOMY Delikatess-Mayonnaise, Tomaten-Ketchup, Tabasco, Weinbrand und THOMY Meerrettich verrühren. Über die Salatzutaten geben, mischen und kurz kalt stellen.
4. Kopfsalatblätter waschen, trocken tupfen, in Cocktailgläser legen und den Krabbencocktail darauf anrichten. Mit Oliven garniert servieren.

MAGGI KOCHSTUDIO Ernährungsinfo:

Je Portion:
B: 1115 kJ (270 kcal)
N: E 10g, KH 4g, F 22g

Cordon bleu

4 Portionen (Zubereitungszeit 30 Min.)

4 (à 150 g) Kalbsschnitzel, MAGGI Würzmischung 1 – gebratenes Fleisch, 4 Scheiben Gouda (45 % Fett i.Tr.), 4 Scheiben gekochter Schinken, Holzspießchen, 2 Eier, 60 g Paniermehl, 4 EL THOMY Reines Sonnenblumenöl

1. In die Kalbsschnitzel vom Metzger eine Tasche einschneiden lassen. Waschen, trocken tupfen und mit MAGGI Würzmischung 1 würzen.
2. Gouda und Schinken in die Taschen verteilen und mit Holzspießchen feststecken.
3. Eier verquirlen, die Schnitzel durch die Eimasse ziehen und mit Paniermehl panieren.
4. In einer beschichteten Pfanne THOMY Reines Sonnenblumenöl heiß werden lassen. Die Cordon bleu bei mittlerer Wärmezufuhr ca. 6 Min. von jeder Seite braten und anrichten.

Servieren Sie dazu Pommes frites und Salat.

MAGGI KOCHSTUDIO Ernährungsinfo:

mit Sonnenblumenöl

Je Portion:
B: 2179 kJ (521 kcal)
N: E 50g, KH 11g, F 30g

Filet „Wellington"

6 Portionen (Zubereitungszeit 100 Min.)

1 kg Rinderfilet, MAGGI Würzmischung 1 – gebratenes Fleisch, 2 EL THOMY Reines Sonnenblumenöl, 250 g Champignons, 1 Zwiebel, 2 Tomaten, 2 EL gehackte Petersilie, ½ TL getrockneter Kerbel, ½ TL getrockneter Majoran, 1 Packung (300 g) tiefgefrorener Blätterteig, 1 Eigelb, 1 EL Milch, 1 Beutel MAGGI Meisterklasse Pfeffer-Rahmsauce

1. Backofen auf 200°C Ober-/Unterhitze (170°C Umluft) vorheizen.
2. Rinderfilet waschen, trocken tupfen und mit MAGGI Würzmischung 1 würzen.
3. In einer Pfanne THOMY Reines Sonnenblumenöl heiß werden lassen. Das Filet darin von allen Seiten insgesamt ca. 15 Min. kräftig anbraten, herausnehmen und abkühlen lassen.
4. Champignons putzen und in feine Scheiben schneiden. Zwiebel schälen und in Würfel schneiden. Im Bratfett mit den Champignons andünsten. Tomaten mit kochendem Wasser überbrühen, häuten, den Blütenansatz entfernen, entkernen und in Würfel schneiden. Zugeben und so lange weiterdünsten, bis die Flüssigkeit verdampft ist. Petersilie, Kerbel und Majoran zufügen und mit MAGGI Würzmischung 1 würzen und abschmecken.
5. Blätterteig antauen lassen, die Platten etwas überlappend zu einem Rechteck auslegen und ausrollen. Das Filet mit der Champignonmasse bestreichen, auf den Blätterteig legen, Teig zusammenschlagen und die Ränder fest andrücken. Ein Backblech mit Wasser abspülen und das Filet mit der Naht des Blätterteigs nach unten auf das Backblech legen.
6. Eigelb mit Milch verrühren und die Oberfläche damit bestreichen. Im Backofen ca. 60 Min. garen. Anschließend herausnehmen, 10 Min. ruhen lassen, in Scheiben schneiden und auf Tellern anrichten.
7. In einem Topf 250 ml Wasser erwärmen. MAGGI Meisterklasse Pfeffer-Rahmsauce einrühren. Unter Rühren zum Kochen bringen und bei geringer Wärmezufuhr 1 Min. kochen. Dabei gelegentlich umrühren. Die Sauce zum Filet servieren.

Servieren Sie dazu einen Blattsalat.

MAGGI KOCHSTUDIO Ernährungsinfo:

Je Portion:
B: 1998 kJ (477 kcal)
N: E 41g, KH 21g, F 25g

Gefüllte Paprikaschoten mit Tomatensauce

4 Portionen (Zubereitungszeit 80 Min.)

Fondor, 70 g Reis, je 1 rote, grüne und 2 gelbe Paprikaschoten, 1 Zwiebel, ½ Bund Petersilie, 300 g gemischtes Hackfleisch, 1 Ei, 2 Beutel MAGGI fix & frisch Spaghetti Napoli, Aluminiumfolie

1. Backofen auf 175°C Ober-/Unterhitze (150°C Umluft) vorheizen.
2. In einem Topf 150 ml Wasser mit Fondor zum Kochen bringen. Reis zugeben und ca. 20 Min. ausquellen lassen.
3. Paprikaschoten waschen, einen Deckel abschneiden, Kerne und weiße Innenhäute entfernen. Zwiebel schälen und in kleine Würfel schneiden. Petersilie waschen, trocken schütteln, Blättchen von den Stielen zupfen und klein schneiden.
4. Hackfleisch mit Ei, Petersilie, dem Reis und der Zwiebel mischen und in die Paprikaschoten füllen.
5. In einem Topf 500 ml Wasser erwärmen. MAGGI fix & frisch Spaghetti Napoli einrühren. Unter Rühren zum Kochen bringen und bei geringer Wärmezufuhr 1 Min. kochen. Dabei gelegentlich umrühren. Die Sauce in eine Auflaufform gießen und die gefüllten Paprikaschoten hineinsetzen. Im Backofen ca. 50 Min. garen. 10 Min. vor Ende der Garzeit mit Aluminiumfolie abdecken.

Servieren Sie dazu Reis.

MAGGI KOCHSTUDIO Ernährungsinfo:

Je Portion:
B: 1519 kJ (361 kcal)
N: E 20g, KH 33g, F 15g

1990: Die Wiedervereinigung ist ein Grund anzustoßen.

Das Maggi Kochstudio erarbeitet jedes Jahr Rezept- und Informationsbroschüren, die bei der Hotline kostenlos angefordert werden können.

Welche Fragen die Verbraucher auch immer haben, die erfahrenen Ernährungsberaterinnen geben jederzeit ausführlich Antworten rund ums Kochen und Essen. Im Jahr 2008 führten sie allein über 50.000 Telefonate.

1981: Gunda-Hedi Pfeifer, heute Leiterin des Maggi Kochstudios, am Verbrauchertelefon.

1978: Anni Marweld beantwortet die zahlreichen Verbraucheranfragen und verschickt Rezeptbroschüren.

Bis heute wurden über das Maggi Kochstudio mehr als 30 Millionen Broschüren verteilt.

1984: Das Maggi Kochstudio wird im Laufe der Jahre immer wieder modernisiert und passt sich der Zeit an. Der raffinierte Spiegel wird nach wie vor eingesetzt.

Kartoffel-Puffer mit Räucherlachs

6 Portionen (Zubereitungszeit 40 Min.)

1,2 kg Kartoffeln, 1 Beutel MAGGI fix & frisch Hackbraten, 5 EL THOMY Reines Sonnenblumenöl, 12 Scheiben Räucherlachs

1. Kartoffeln waschen, schälen und fein reiben. MAGGI fix & frisch Hackbraten zugeben und gut mischen.
2. In einer beschichteten Pfanne THOMY Reines Sonnenblumenöl heiß werden lassen. Den Teig mit einem Esslöffel portionsweise hineingeben, dabei etwas flach drücken. Die Puffer auf beiden Seiten goldgelb braten. Auf Küchenkrepp abtropfen lassen.
3. Die Kartoffelpuffer auf Tellern anrichten und mit Räucherlachs garniert servieren.

Servieren Sie dazu als Dip saure Sahne oder Crème fraîche.

MAGGI KOCHSTUDIO Ernährungsinfo:

mit Sonnenblumenöl

Je Portion:
B: 1400 kJ (335 kcal)
N: E 13g, KH 38g, F 13g

Hackfleischpizza

8 Stück (Zubereitungszeit 50 Min.)

1 Beutel MAGGI fix & frisch Hackbraten, 500 g gemischtes Hackfleisch, 1 gelbe Paprikaschote, 1 Fleischtomate, 100 g Gouda (45 % Fett i.Tr.)

1. Backofen auf 200°C Ober-/Unterhitze (170°C Umluft) vorheizen.
2. MAGGI fix & frisch Hackbraten in 125 ml Wasser einrühren. Hackfleisch zugeben, gut mischen und in einer flachen runden Form glattstreichen.
3. Paprikaschote waschen, Kerne und weiße Innenhäute entfernen und in kleine Würfel schneiden.
4. Fleischtomate waschen, Blütenansatz entfernen und in dünne Scheiben schneiden.
5. Gouda reiben. Paprikawürfel auf dem Hackfleisch verteilen, die Tomatenscheiben darauflegen und den geriebenen Käse darüberstreuen. Die Hackfleischpizza im Backofen ca. 40 Min. backen. Noch warm servieren.

Servieren Sie dazu einen gemischten Salat.

MAGGI KOCHSTUDIO Ernährungsinfo:

Je Stück:
B: 956 kJ (227 kcal)
N: E 17g, KH 8g, F 14g

Gefüllte Zucchini

6 Stück (Zubereitungszeit 65 Min.)

1 Zwiebel, 40 g Schinkenspeck, 300 g gemischtes Hackfleisch, 1 Ei, 2 EL Paniermehl, 1 EL MAGGI Würzmischung 5 – Hackfleisch, 3 (à 200 g) Zucchini, Fondor, 1 Dose (425 ml) Pizza-Tomaten, 1 TL MAGGI Gartengemüse Bouillon, Aluminiumfolie, 100 g geriebener Emmentaler

1. Backofen auf 200°C Ober-/Unterhitze (170°C Umluft) vorheizen.
2. Zwiebel schälen und mit Schinkenspeck in Würfel schneiden.
3. Hackfleisch, Ei und Paniermehl mit Zwiebel und Speck gut mischen. Mit MAGGI Würzmischung 5 würzen.
4. Zucchini putzen, waschen, längs halbieren und mit einem Löffel aushöhlen. Mit Fondor würzen. Zucchini mit der Fleischmasse füllen.
5. Pizza-Tomaten in eine Auflaufform gießen. MAGGI Gartengemüse Bouillon darin auflösen. Die gefüllten Zucchini in die Tomatensoße setzen, mit Aluminiumfolie abdecken und im Backofen ca. 40 Min. backen.
6. Emmentaler über die Zucchini geben und weitere 15 Min. offen überbacken.

Servieren Sie dazu Reis.

MAGGI KOCHSTUDIO Ernährungsinfo:

Je Stück:
B: 1016 kJ (242 kcal)
N: E 19g, KH 6g, F 15g

Tiramisu

6 Portionen (Zubereitungszeit 30 Min.)

2 Eigelb, 4 EL Zucker, 500 g Magerquark, 8 EL Sahne, 3 EL Amaretto, 2 Eiweiß, 2 TL Nescafé Espresso, 100 g Löffelbiskuit, 1 EL Kakao

1. In einer Schüssel Eigelbe mit Zucker schaumig rühren. Quark, Sahne und Amaretto zufügen und cremig rühren.
2. Eiweiß steif schlagen und unter die Quarkmasse ziehen.
3. In einem kleinen Topf 4 EL Wasser zum Kochen bringen. Nescafé Espresso darin auflösen.
4. Die Hälfte der Quarkcreme in eine rechteckige Form füllen. Löffelbiskuits darauflegen und mit Espresso beträufeln. Restliche Quarkcreme daraufgeben und ca. 3 Std. kalt stellen.
5. Kurz vor dem Servieren mit Kakao bestäuben.

Zubereitungszeit ohne Kühlzeit.

MAGGI KOCHSTUDIO Ernährungsinfo:

Je Portion:
B: 1236 kJ (295 kcal)
N: E 17g, KH 29g, F 10g

Heiße Sachen an Bord: Beim rollenden Maggi Kochstudio gibt es Rezepte, Infos und natürlich etwas zum Probieren.

Maggi Kochstudio in den neuen Bundesländern unterwegs

1990 macht sich das Maggi Kochstudio auf und besucht alle größeren Städte der ehemaligen DDR. Die Bürger freuen sich über Tipps zu zeitgemäßer Ernährung, fantasievollem Kochen und praktische, neue Rezepte.

1992: Die Erstausgabe des Maggi Kochstudio-Journals

Im April 1992 erscheint zum ersten Mal das Maggi Kochstudio Journal, das mit viel Liebe zum Detail in der Redaktion des Maggi Kochstudios entstanden ist. Es bietet eine Fülle leckerer Anregungen – raffinierte Snacks für zwischendurch ebenso wie komplette Menüvorschläge.

Jedes Jahr erarbeitet das Maggi Kochstudio zudem eine Reihe von Rezept- und Informationsbroschüren. Darin werden aktuelle Trends ebenso berücksichtigt wie saisonale oder anlassbezogene Themen.

Die Broschüren erfreuen sich nach wie vor großer Beliebtheit. Die Auflagen, die in die Millionenhöhe gehen, sprechen für sich.

Zu jedem Anlass die passende Broschüre

2008: Heutige Ausgabe des Maggi Kochstudio „Maggizins"

Party-Schichtsalat

4 Portionen (Zubereitungszeit 25 Min.)

4 Eier, 1 Glas (320 g) Selleriesalat, 1 Dose (300 g) Mais, 2 rote Äpfel, 1 Stange Lauch, 200 g gekochter Schinken, 1 Glas (250 ml) THOMY légère leichter als Mayonnaise, 100 ml Milch, Salz, schwarzer Pfeffer aus der Mühle

1. Eier in ca. 10 Min. hart kochen, pellen und in Scheiben schneiden.
2. Selleriesalat und Mais abtropfen lassen. Äpfel waschen, in Viertel schneiden, das Kerngehäuse entfernen und in dünne Spalten schneiden. Lauch putzen, waschen und in Ringe schneiden.
3. Schinken in Streifen schneiden.
4. Für die Sauce: THOMY légère leichter als Mayonnaise mit Milch verrühren. Mit Salz würzen und abschmecken.
5. Die Zutaten abwechselnd mit der Sauce in eine hohe Glasschüssel schichten. Die letzte Schicht sollte Sauce sein. Mit Pfeffer bestreuen.

Tipp: Besonders herzhaft schmeckt der Salat, wenn Sie ihn im Kühlschrank ca. 12 Std. durchziehen lassen.

MAGGI KOCHSTUDIO Ernährungsinfo:

Je Portion:
B: 1394 kJ (332 kcal)
N: E 22g, KH 28g, F 13g

Feurige Kürbissuppe

4 Teller (Zubereitungszeit 25 Min.)

1 Würfel MAGGI Klare Suppe mit Suppengrün, 500 g Kürbis, 1 Chilischote, 3 EL Kürbiskerne, 2 Zwiebeln, 1 TL Mehl, 3 EL THOMY Reines Sonnenblumenöl

1. In einem Topf 600 ml Wasser zum Kochen bringen und MAGGI Klare Suppe mit Suppengrün darin auflösen.
2. Kürbis in Spalten teilen, Kerne mit einem Löffel entfernen, schälen und in Würfel schneiden. Das Fruchtfleisch zur Gemüsebrühe geben und 5 Min. kochen.
3. Chilischote waschen, Kerne und weiße Innenhäute entfernen. Chilischote 2 Min. mitkochen und wieder herausnehmen.
4. Kürbiskerne grob hacken, in einer Pfanne ohne Fett rösten und herausnehmen. Zwiebeln schälen, in Ringe schneiden und mit Mehl bestäuben.
5. In einer Pfanne THOMY Reines Sonnenblumenöl heiß werden lassen. Die Zwiebelringe darin braun rösten. Die Suppe leicht pürieren und mit den Kürbiskernen und den Zwiebelringen garniert servieren.

Servieren Sie dazu Baguette.

Tipp: Besonders attraktiv sieht es aus, wenn Sie die Suppe in einem ausgehöhlten Kürbis servieren.

MAGGI KOCHSTUDIO Ernährungsinfo:

mit Sonnenblumenöl

Je Teller:
B: 932 kJ (224 kcal)
N: E 6g, KH 10g, F 17g

Die 90er Jahre

Scharfer Hähnchen-Wok

2 Portionen (Zubereitungszeit 30 Min.)

300 g Hähnchenbrustfilet, 1 rote Chilischote, 1 gelbe Paprikaschote, 2 EL THOMY Reines Sonnenblumenöl, 2 EL Cashewkerne, 1 Beutel MAGGI fix & frisch China-Pfanne „Chop Suey", 50 g Sojabohnensprossen

1. Hähnchenbrustfilet waschen, trocken tupfen und in Würfel schneiden. Chilischote waschen, Kerne und weiße Innenhäute entfernen und in kleine Würfel schneiden. Paprikaschote waschen, Kerne und weiße Innenhäute entfernen und in Würfel schneiden.
2. In einem Wok oder einer großen Pfanne THOMY Reines Sonnenblumenöl heiß werden lassen. Hähnchenbrustwürfel darin braten. Cashewkerne mit Paprika und Chili zugeben und mitbraten.
3. 300 ml Wasser zugießen. MAGGI fix & frisch China-Pfanne „Chop Suey" einrühren und zum Kochen bringen. Bei geringer Wärmezufuhr ca. 5 Min. kochen, dabei gelegentlich umrühren. Die Sojabohnensprossen zugeben und darin heiß werden lassen.

Servieren Sie dazu Basmati-Reis.

MAGGI KOCHSTUDIO Ernährungsinfo:

Je Portion:
B: 1680 kJ (402 kcal)
N: E 40g, KH 18g, F 18g

Ratatouille-Gemüse

4 Portionen (Zubereitungszeit 30 Min.)

1 rote Zwiebel, je 1 rote und grüne Paprikaschote, 1 kleine Aubergine, 1 kleine Zucchini, 2 EL Olivenöl, MAGGI Würzmischung 1 – gebratenes Fleisch, 2 Beutel MAGGI fix & frisch Spaghetti Napoli, 4 TL Crème fraîche, 1 TL Thymianblättchen

1. Zwiebel schälen und in Ringe schneiden. Paprikaschoten waschen, Kerne und weiße Innenhäute entfernen. Aubergine und Zucchini putzen und waschen. Das Gemüse in kleine Würfel schneiden.
2. In einem Topf Olivenöl heiß werden lassen. Die Zwiebel darin andünsten. Das Gemüse zugeben und mitdünsten. Mit MAGGI Würzmischung 1 würzen und abschmecken.
3. 500 ml Wasser zugießen. MAGGI fix & frisch Spaghetti Napoli einrühren, zum Kochen bringen und bei geringer Wärmezufuhr zugedeckt ca. 5 Min. garen.
4. Mit Crème fraîche und Thymianblättchen garniert servieren.

Servieren Sie dazu Reis oder Baguette.

MAGGI KOCHSTUDIO Ernährungsinfo:

Kalorienbewusst · mit Olivenöl

Je Portion:
B: 771 kJ (183 kcal)
N: E 4g, KH 20g, F 9g

1996 wurde das erste Maggi Kochstudio „live" in Frankfurts Innenstadt eröffnet.

Maggi
KOCHSTUDIO
50 Jahre
KOCHSTUDIO

Die beliebten Maggi Kochstudios „live“ direkt in Ihrer Nähe

Frankfurt

Dortmund

Leipzig

München

Hamburg

„Willkommen im Maggi Kochstudio“ heißt es seit dem Jahr 1996. In Frankfurt, Leipzig, Hamburg, Dortmund und München können Sie das Maggi Kochstudio zum Anfassen erleben.

Sie erwartet täglich eine Auswahl an köstlichen Suppen & kleinen Gerichten – das passende Rezept zum Nachkochen gibt es kostenlos dazu. Außerdem finden Sie in unserem Shop alle Maggi Produkte, kleine Küchenhelfer und originelle Geschenkideen. „Mit Maggi macht das Kochen und Essen Spaß“, auch in einem unserer beliebten Kochkurse.

Besuchen Sie uns. Wir freuen uns auf Sie!

Erstklassiger Service setzt erstklassige Beraterinnen voraus. Alle Mitarbeiter des Maggi Kochstudios haben eine fundierte Ausbildung und jede Menge Praxiserfahrung.

Lieblings-Rezept

Asia-Glücksrollen

16 Stück (Zubereitungszeit 45 Min.)

1 Kopfsalat, 100 g Sojabohnensprossen, ½ Bund Schnittlauch, ½ Bund Minze, 150 g Möhren, 400 g Hähnchenbrustfilet, 2 EL THOMY Reines Sonnenblumenöl, MAGGI Würzmischung 3 – pikantes Geflügel, 2 EL MAGGI Würze, 16 Blätter Reispapier (24 cm Durchmesser), Frischhaltefolie

1. Kopfsalat putzen, waschen, trocken schleudern und in große Stücke zerpflücken. Die Blattrippen entfernen. Sojabohnensprossen waschen und abtropfen lassen. Schnittlauch waschen, trocken schütteln und in ca. 5 cm lange Stücke schneiden. Minze waschen, trocken schütteln, Blätter von den Stielen zupfen und in Streifen schneiden. Möhren putzen, waschen, schälen und grob raspeln.
2. Hähnchenbrustfilet waschen, trocken tupfen und in kleine Würfel schneiden.
3. In einem Wok oder einer beschichteten Pfanne THOMY Reines Sonnenblumenöl heiß werden lassen. Das Fleisch darin braten. Sojabohnensprossen und Möhren zufügen und mitbraten. Mit MAGGI Würzmischung 3 und MAGGI Würze würzen und abschmecken. Die Füllung auf einem Teller abkühlen lassen.
4. Reispapier nacheinander kurz in kaltes Wasser tauchen und zwischen feuchten Küchenhandtüchern weich werden lassen. Das zuerst eingeweichte Papier ausbreiten und 1 Salatblatt darauf legen. 1-2 EL Füllung länglich darauf verteilen. Kräuter darauf geben. Die Seiten des Reispapiers nach innen schlagen und fest zusammenrollen.
5. Die Glücksrollen bis zum Servieren mit Frischhaltefolie abdecken.

Servieren Sie die Glücksrollen mit MAGGI Internationale Würzsauce Asia.

Tipp: Die Glücksrollen können auch im Bambusdämpfer ca. 5 Min. gedämpft werden.

MAGGI KOCHSTUDIO Ernährungsinfo:

Kalorienbewusst

Je Stück:
B: 231 kJ (55 kcal)
N: E 6g, KH 2g, F 1g

Lieblings-Rezept

Gefüllter Mozzarella auf marinierten Pilzen

8 Portionen (Zubereitungszeit 45 Min.)

½ Bund Basilikum, 3 Kugeln (à 125 g) Mozzarella light, 8 EL THOMY Sonne & Olive, 2 Beutel MAGGI NaturPur Bio Salatsauce Italienische Kräuter, Frischhaltefolie, 300 g Champignons, 3 Tomaten

1. Basilikum waschen, trocken schütteln und die Blätter von den Stielen zupfen.
2. Mozzarella abtropfen lassen und aushöhlen, so dass ein ca. 0,5 cm dicker Rand bleibt. Das Ausgehöhlte mit dem Basilikum, 2 EL THOMY Sonne & Olive und 1 Beutel MAGGI NaturPur Bio Salatsauce Italienische Kräuter im Blitzhacker zu einer cremigen Masse pürieren.
3. Die Masse in die Mozzarellakugeln füllen. In Frischhaltefolie verpacken und im Kühlschrank ca. 1 Stunde ruhen lassen.
4. Champignons putzen und in dünne Scheiben schneiden.
5. In einer Pfanne 6 EL THOMY Sonne & Olive heiß werden lassen, Champignons darin anbraten. Etwas abkühlen lassen. 4 EL Wasser und 1 Beutel MAGGI NaturPur Bio Salatsauce Italienische Kräuter zu den Champignons geben und mischen.
6. Tomaten waschen, Blütenansatz entfernen, in Scheiben schneiden und auf einer Platte anrichten. Die marinierten Champignons darauf verteilen. Mozzarella in Scheiben schneiden und darauf anrichten.

Zubereitungszeit ohne Kühlzeit.

Servieren Sie dazu Ciabatta.

Tipp: Der Mozzarella lässt sich gut mit einem Apfelausstecher aushöhlen. Dazu zweimal nebeneinander in den Mozzarella einstechen.

MAGGI KOCHSTUDIO Ernährungsinfo:

Je Portion:
B: 851 kJ (205 kcal)
N: E 11g, KH 3g, F 16g

Kult-Rezept

Pizza-Brötchen

8 Stück (Zubereitungszeit 40 Min.)

1 rote Paprikaschote, 100 g gekochter Schinken, 100 g junger Gouda, 250 g gemischtes Hackfleisch, 1 Beutel MAGGI fix & frisch Spaghetti Bolognese, 4 Ciabatta-Brötchen, Backpapier

1. Backofen auf 200°C Ober-/Unterhitze (170°C Umluft) vorheizen.
2. Paprikaschote waschen, Kerne und weiße Innenhäute entfernen und in Würfel schneiden. Schinken und Gouda in kleine Würfel schneiden.
3. In einer Schüssel Hackfleisch, 125 ml kaltes Wasser und MAGGI fix & frisch Spaghetti Bolognese miteinander verrühren. Paprika, Schinken und Gouda zugeben und gut vermengen.
4. Ciabatta-Brötchen aufschneiden. Die Hackfleischmasse darauf verteilen. Die Brötchen auf ein mit Backpapier ausgelegtes Backblech legen und im Backofen ca. 25 Min. backen.

MAGGI KOCHSTUDIO Ernährungsinfo:

Je Stück:
B: 832 kJ (198 kcal)
N: E 14g, KH 16g, F 8g

Lieblings-Rezept

Serranoröllchen mit Frischkäse

30 Stück (Zubereitungszeit 25 Min.)

200 g Schalotten, 4 Zweige Oregano, 4 EL THOMY Sonne & Olive, 1 Knoblauchzehe, 200 g Doppelrahm-Frischkäse, 1 TL MAGGI Würzmischung 4 – knackige Salate, 15 Scheiben Serranoschinken, 30 Holzspießchen

1. Schalotten schälen und in sehr kleine Würfel schneiden. Oregano waschen, trocken schütteln, die Blättchen abzupfen und fein hacken.
2. In einer Pfanne 2 EL THOMY Sonne & Olive heiß werden lassen. Die Schalotten bei mittlerer Wärmezufuhr ca. 3 Min. dünsten.
3. Knoblauchzehe schälen und durchpressen.
4. Doppelrahm-Frischkäse mit 2 EL THOMY Sonne & Olive, Oregano, Knoblauch und Schalotten mischen. Mit MAGGI Würzmischung 4 würzen und abschmecken.
5. Serranoschinken halbieren. Auf jede Schinkenhälfte ca. 1 TL der Masse geben und einrollen. Auf Holzspießchen stecken und servieren.

MAGGI KOCHSTUDIO Ernährungsinfo:

Je Stück:
B: 184 kJ (44 kcal)
N: E 1g, KH 0g, F 3g

Spinat-Minze-Salat mit Cranberries

Lieblings-Rezept

4 Portionen (Zubereitungszeit 30 Min.)

70 g getrocknete Cranberries, 250 g Blattspinat, 1 Kugel (125 g) Mozzarella, 15 g Minze, 1 Beutel MAGGI NaturPur Bio Salatsauce Paprika-Kräuter, 3 EL THOMY GΩLD Raps plus Sonnenblumenöl

1. In einem kleinen Topf Cranberries mit 4 EL Wasser erhitzen und bei geringer Wärmezufuhr ca. 3 Min. kochen. Dabei gelegentlich umrühren. Cranberries in ein Sieb geben und abtropfen lassen.
2. Blattspinat putzen, waschen, trocken schleudern und grob zerpflücken. Mozzarella in Würfel schneiden. Minze waschen, trocken schütteln, Blätter von den Stielen zupfen und klein schneiden.
3. MAGGI NaturPur Bio Salatsauce Paprika-Kräuter mit 4 EL Wasser verrühren und einige Minuten stehen lassen. THOMY GΩLD Raps plus Sonnenblumenöl unterrühren. Mit Blattspinat, Minze und Mozzarella mischen, auf Tellern verteilen und mit Cranberries dekorieren.

MAGGI KOCHSTUDIO Ernährungsinfo:

Je Portion:
B: 993 kJ (237 kcal)
N: E 7g, KH 16g, F 15g

Lieblings-Rezept

Apfel-Lauch-Salat

4 Portionen (Zubereitungszeit 20 Min.)

2 Eier, 1 Stange Lauch, 2 Äpfel, 3 EL Zitronensaft, 80 g Emmentaler, 1 Dose (212 ml) Mais, Fondor, 1 Glas (250 ml) THOMY Remoulade, MAGGI Würzmischung 2 – Gemüse & helle Soßen

1. Eier in ca. 10 Min. hart kochen, pellen und in Würfel schneiden.
2. Lauch putzen, waschen und in Ringe schneiden. Äpfel waschen, schälen, halbieren, Kerngehäuse entfernen und in Stifte schneiden. Mit Zitronensaft beträufeln.
3. Emmentaler grob reiben. Mais abtropfen lassen.
4. In einem Topf 1 l Wasser mit Fondor zum Kochen bringen. Den Lauch darin ca. 2 Min. blanchieren. Auf ein Sieb geben, mit kaltem Wasser abschrecken und abtropfen lassen.
5. Die Salatzutaten mit THOMY Remoulade mischen. Mit MAGGI Würzmischung 2 würzen und abschmecken.

Servieren Sie dazu Baguette.

Tipp: Das Gericht schmeckt auch gut mit gekochtem Schinken.

MAGGI KOCHSTUDIO Ernährungsinfo:

Vegetarisch

Je Portion:
B: 2416 kJ (582 kcal)
N: E 12g, KH 25g, F 47g

Nudelsalat mit Parmaschinken

Lieblings-Rezept

6 Portionen (Zubereitungszeit 25 Min.)

2 EL MAGGI Klare Gemüsebrühe, 500 g BUITONI Cellentani, 100 g Tomaten in Öl, 1 Zucchini, 2 Beutel MAGGI NaturPur Bio Salatsauce Italienische Kräuter, 4 EL THOMY Sonne & Olive, 125 g Parmaschinken in Scheiben, 1 EL Basilikum

1. In einem Topf 1 l Wasser zum Kochen bringen. MAGGI Klare Gemüsebrühe darin auflösen. BUITONI Cellentani nach Anweisung auf der Packung zubereiten, abtropfen lassen, dabei 8 EL Nudelwasser auffangen und beiseitestellen.
2. Tomaten abtropfen lassen, das Öl dabei auffangen und in feine Streifen schneiden. Zucchini putzen, waschen und grob raspeln.
3. MAGGI NaturPur Bio Salatsauce Italienische Kräuter mit 8 EL Nudelwasser verrühren und 1 Min. stehen lassen. Anschließend THOMY Sonne & Olive und 2 EL Tomaten-Öl unterrühren. Mit den Nudeln und den Salatzutaten mischen.
4. Parmaschinken zu kleinen Hörnchen aufrollen und auf dem Salat anrichten. Mit Basilikum garniert servieren.

MAGGI KOCHSTUDIO Ernährungsinfo:

Je Portion:
B: 1927 kJ (457 kcal)
N: E 16g, KH 72g, F 11g

Lieblings-Rezept

Blattsalat mit gebratenem Lachsfilet

4 Portionen (Zubereitungszeit 20 Min.)

100 g Lollo Rosso, 100 g Feldsalat, 250 g Lachsfilet, 1 EL Zitronensaft, 50 g Pinienkerne, 6 EL THOMY GΩLD Raps plus Sonnenblumenöl, Salz, schwarzer Pfeffer aus der Mühle, 3 EL heller Aceto Balsamico, 2 TL THOMY Delikatess-Senf, 1 EL THOMY Delikatess-Mayonnaise, 1 EL tiefgefrorene 8-Kräuter-Mischung, ½ TL Zucker

1. Lollo Rosso und Feldsalat putzen, waschen, trocken schleudern und in mundgerechte Stücke zupfen. Lachsfilet waschen, trocken tupfen und in ca. 2 cm große Würfel schneiden. Mit Zitronensaft beträufeln.
2. In einer Pfanne ohne Fett Pinienkerne goldbraun rösten und aus der Pfanne nehmen.
3. 1 EL THOMY GΩLD Raps plus Sonnenblumenöl in der Pfanne heiß werden lassen. Die Lachswürfel darin braten. Mit Salz und Pfeffer würzen.
4. Für das Dressing: 5 EL THOMY GΩLD Raps plus Sonnenblumenöl, Aceto Balsamico, THOMY Delikatess-Senf und THOMY Delikatess-Mayonnaise verrühren. 8-Kräuter-Mischung zufügen. Mit Salz, Pfeffer und Zucker würzen und abschmecken.
5. Die Blattsalate mit dem Dressing mischen und mit den Lachswürfeln und den Pinienkernen auf Tellern anrichten.

Servieren Sie dazu Baguette.

Tipp: Statt Feldsalat können Sie auch Rucola verwenden.

MAGGI KOCHSTUDIO Ernährungsinfo:

Je Portion:
B: 1587 kJ (382 kcal)
N: E 15g, KH 4g, F 33g

Maggi
KOCHSTUDIO
Leipzig

Das Maggi Kochstudio: Reinschnuppern lohnt sich. Neben täglich wechselnden Rezeptideen zum Probieren gibt es einen umfassenden Einblick in die Welt des Kochens und Genießens mit Spaß.

Die modernen Küchen und Räumlichkeiten der Maggi Kochstudios machen Lust auf die täglich stattfindenden Kochkurse. Pro Jahr zählen sie über eine Million Gäste, die Spaß am Kochen und Essen haben.

Lieblings-Rezept

Frühlingssalat mit Pfefferkrokant

4 Portionen (Zubereitungszeit 30 Min.)

1 EL + 1 TL Butter, 2 EL Puderzucker, 60 g Pistazienkerne, 1 TL grüner Pfeffer, Aluminiumfolie, 1 Kopf Eichblattsalat, 250 g Erdbeeren, 1 Birne, 1 Beutel MAGGI NaturPur Bio Salatsauce Italienische Kräuter, 4 EL THOMY Reines Sonnenblumenöl, 1 Hähnchenbrustfilet, MAGGI Würzmischung 1 – gebratenes Fleisch

1. In einer Pfanne 1 EL Butter heiß werden lassen. Puderzucker zugeben, schmelzen und karamellisieren lassen. Pistazienkerne und Pfeffer zusammen grob hacken, zu der Karamellmasse geben und untermischen.
2. Aluminiumfolie mit 1 TL Butter einfetten und die Karamellmasse darauf verteilen. Abkühlen lassen und zerkleinern.
3. Eichblattsalat putzen, waschen, trocken schleudern und in mundgerechte Stücke zerpflücken. Erdbeeren waschen, den Blütenansatz entfernen und halbieren. Birne waschen, schälen, halbieren, Kerngehäuse entfernen und quer in Scheiben schneiden.
4. MAGGI NaturPur Bio Salatsauce Italienische Kräuter mit 4 EL Wasser verrühren und 1 Min. stehen lassen. 3 EL THOMY Reines Sonnenblumenöl unterrühren und mit den Salatzutaten mischen.
5. Hähnchenbrustfilet waschen und trocken tupfen. In einer Pfanne 1 EL THOMY Reines Sonnenblumenöl heiß werden lassen und das Hähnchenbrustfilet ca. 4 Min. von jeder Seite braun braten. Mit MAGGI Würzmischung 1 würzen. Etwas abkühlen lassen und in dünne Scheiben schneiden.
6. Den Salat auf Tellern anrichten und mit Hähnchenbrustfiletscheiben und Pfefferkrokant garniert servieren.

Servieren Sie dazu Baguette.

MAGGI KOCHSTUDIO Ernährungsinfo:

mit Sonnenblumenöl

Je Portion:
B: 1502 kJ (360 kcal)
N: E 13g, KH 19g, F 25g

Kult-Rezept

Taco Salat

10 Portionen (Zubereitungszeit 30 Min.)

1 Zwiebel, 2 EL THOMY Reines Sonnenblumenöl, 600 g gemischtes Hackfleisch, 2 TL MAGGI Würzmischung 5 – Hackfleisch, 1 Eisbergsalat, 1 rote Paprikaschote, 1 Dose (425 ml) Mais, 1 Dose (425 ml) Kidneybohnen, 1 Flasche (500 ml) MAGGI Internationale Würzsauce Texicana Salsa, 500 g Schmand, 1 EL Milch, Salz, Pfeffer, 200 g geriebener Gouda, 1 Beutel (150 g) Tortilla-Chips

1. Zwiebel schälen und in Würfel schneiden.
2. In einer Pfanne THOMY Reines Sonnenblumenöl heiß werden lassen. Zwiebel glasig dünsten und Hackfleisch braten. Mit MAGGI Würzmischung 5 würzen und abkühlen lassen.
3. Eisbergsalat putzen, waschen, trocken schleudern und in Streifen schneiden. In eine große Schüssel geben.
4. Paprikaschote waschen, Kerne und weiße Innenhäute entfernen, in Würfel schneiden und über den Eisbergsalat streuen.
5. Hackfleisch darauf verteilen. Mais und Kidneybohnen abtropfen lassen und auf dem Hackfleisch verteilen.
6. MAGGI Internationale Würzsauce Texicana Salsa über den Salat gießen.
7. Schmand mit Milch verrühren, mit Salz und Pfeffer würzen und über der Sauce verteilen. Gouda darüberstreuen und mit Tortilla-Chips garnieren.

MAGGI KOCHSTUDIO Ernährungsinfo:

Je Portion:
B: 2099 kJ (500 kcal)
N: E 21g, KH 25g, F 34g

Lieblings-Rezept

Bulgur-Geflügelsalat

4 Portionen (Zubereitungszeit 45 Min.)

2 gehäufte TL MAGGI NaturPur Bio Gemüsebrühe, 200 g Bulgur, 10 Cocktailtomaten, 3 Frühlingszwiebeln, je 1 grüne und gelbe Paprikaschote, ¼ Bund Koriander, ¼ Bund Minze, 2 Limetten, 3 TL MAGGI Würzmischung 4 – knackige Salate, ½ TL Zucker, 4 EL THOMY GΩLD Raps plus Sonnenblumenöl, 400 g Hähnchenbrustfilet, 2 TL MAGGI Würzmischung 3 – pikantes Geflügel, 2 EL Honig, 2 EL Limettensaft, 1 TL Sambal Oelek

1. In einem Topf 350 ml Wasser zum Kochen bringen. MAGGI NaturPur Bio Gemüsebrühe darin auflösen. Bulgur zugeben und nach Packungsanweisung ausquellen lassen. In eine Schüssel geben und abkühlen lassen.
2. Cocktailtomaten waschen und in Viertel schneiden. Frühlingszwiebeln putzen, waschen und in dünne Ringe schneiden. Paprikaschoten waschen, Kerne und weiße Innenhäute entfernen und in kleine Würfel schneiden.
3. Koriander und Minze waschen, trocken schütteln, Blättchen von den Stielen zupfen und klein schneiden.
4. Für das Dressing: 1 Limette auspressen. Den Saft mit MAGGI Würzmischung 4, Zucker und 3 EL THOMY GΩLD Raps plus Sonnenblumenöl verrühren.
5. Bulgur, Cocktailtomaten, Frühlingszwiebeln und Paprikaschoten mit dem Dressing mischen. Koriander und Minze unterrühren.
6. Hähnchenbrustfilet waschen, trocken tupfen und in 1,5 cm breite Streifen schneiden. Mit MAGGI Würzmischung 3 würzen.
7. In einer beschichteten Pfanne 1 EL THOMY GΩLD Raps plus Sonnenblumenöl heiß werden lassen. Die Hähnchenbruststreifen darin braten.
8. 1 Limette auspressen. Honig mit Limettensaft und Sambal Oelek verrühren und über die Hähnchenbrust träufeln. Den Salat auf Tellern anrichten und mit den Hähnchenbruststreifen garniert servieren.

MAGGI KOCHSTUDIO Ernährungsinfo:

mit Ballaststoffen

Je Portion:
B: 1972 kJ (472 kcal)
N: E 30g, KH 51g, F 14g

Lieblings-Rezept

Kartoffel-Sauerkrauttopf mit Paprika-Wurst

4 Teller (Zubereitungszeit 40 Min.)

1 Zwiebel, 2 Kartoffeln, 1 Apfel, 1 rote Paprikaschote, 150 g Debrecziner Würstchen, 1 Dose (314 ml) Sauerkraut, 1 EL THOMY Reines Sonnenblumenöl, 1 Würfel MAGGI Klare Fleisch Suppe, 1 Prise Paprikapulver, 1 Prise Cayennepfeffer, 4 EL Crème fraîche

1. Zwiebel schälen. Kartoffeln waschen und schälen. Apfel waschen, schälen, in Viertel schneiden und Kerngehäuse entfernen. Paprikaschote waschen, Kerne und weiße Innenhäute entfernen. Alles in kleine Würfel schneiden.
2. Debrecziner Würstchen in Scheiben schneiden. Sauerkraut abtropfen lassen und klein schneiden.
3. In einem Topf THOMY Reines Sonnenblumenöl heiß werden lassen. Zwiebeln und Wurstscheiben darin anbraten.
4. 1 l Wasser zugeben und zum Kochen bringen. MAGGI Klare Fleisch Suppe darin auflösen. Die restlichen Zutaten zugeben und zugedeckt bei geringer Wärmezufuhr 20 Min. kochen. Mit Paprikapulver und Cayennepfeffer würzen und abschmecken. Mit Crème fraîche garniert servieren.

MAGGI KOCHSTUDIO Ernährungsinfo:

Kalorienbewusst

Je Teller:
B: 1195 kJ (286 kcal)
N: E 9g, KH 14g, F 20g

Lieblings-Rezept

Tomaten-Mozzarella-Suppe mit Salbei-Gnocchi

4 Teller (Zubereitungszeit 15 Min.)

12 Salbeiblättchen, 2 Knoblauchzehen, 30 g Butter, 400 g Gnocchi (a.d. Kühlregal), 2 Beutel MAGGI Meisterklasse Tomaten-Mozzarella Suppe, 30 g frisch gehobelter Parmesan

1. Salbeiblättchen waschen, trocken tupfen und in Streifen schneiden. Knoblauchzehen schälen und in Scheiben schneiden.
2. In einer Pfanne Butter heiß werden lassen. Knoblauch, Salbei und Gnocchi zugeben und bei mittlerer Wärmezufuhr 3-4 Min. goldgelb braten.
3. In einem Topf MAGGI Meisterklasse Tomaten-Mozzarella Suppe in 1 l Wasser einrühren und unter Rühren zum Kochen bringen. Bei geringer Wärmezufuhr 1 Min. kochen.
4. Die Suppe in Suppentellern anrichten, die Gnocchi mit den Salbeiblättchen und den Knoblauchscheiben darauf verteilen und mit Parmesan garniert servieren.

MAGGI KOCHSTUDIO Ernährungsinfo:

Je Teller:
B: 1407 kJ (333 kcal)
N: E 8g, KH 47g, F 13g

Lieblings-Rezept

Erbsensuppe klassisch

6 Teller (Zubereitungszeit 110 Min.)

2 Schalotten, 2 Möhren, 100 g Sellerieknolle, 1 kleine Stange Lauch, 1 EL THOMY Reines Sonnenblumenöl, 250 g grüne Schälerbsen, 4 gehäufte TL MAGGI Gartengemüse Bouillon, 300 g Kartoffeln, 300 g gekochtes Kasseler, 2 EL frisch gehackte Petersilie

1. Schalotten schälen und in Würfel schneiden. Möhren und Sellerieknolle putzen, waschen, schälen und in Würfel schneiden. Lauch putzen, waschen und in Ringe schneiden.
2. In einem Topf THOMY Reines Sonnenblumenöl heiß werden lassen. Die Schalotten darin andünsten. Schälerbsen und das Gemüse zugeben und mitdünsten.
3. 1 l Wasser zugießen und zum Kochen bringen. MAGGI Gartengemüse Bouillon darin auflösen und zum Kochen bringen. Bei mittlerer Wärmezufuhr zugedeckt ca. 60 Min. kochen.
4. Kartoffeln waschen, schälen und in Würfel schneiden, zur Suppe geben und weitere 20 Min. mitkochen. Die Suppe mit einem Schneidstab pürieren.
5. Kasseler in Würfel schneiden und bei geringer Wärmezufuhr ca. 5 Min. in der Suppe ziehen lassen. Mit Petersilie bestreut servieren.

MAGGI KOCHSTUDIO Ernährungsinfo:

Kalorienbewusst · Fettbewusst · mit Ballaststoffen

Je Teller:
B: 1204 kJ (288 kcal)
N: E 21g, KH 29g, F 8g

Möhren-Mango-Suppe mit Chili-Nuss-Krokant

Lieblings-Rezept

4 Teller (Zubereitungszeit 35 Min.)

40 g Cashewkerne, 1 TL Butter, 1 TL brauner Zucker, MAGGI Würzmischung 1 – gebratenes Fleisch, getrocknete Chilischoten, 650 g Möhren, 1 Mango, 1 rote Chilischote, 2 Schalotten, 1 EL THOMY Reines Sonnenblumenöl, 4 leicht geh. TL MAGGI Klare Hühner-Bouillon, 1 TL Kurkuma, 2 EL gehackte Petersilie

1. Cashewkerne grob hacken. In einer kleinen Pfanne Butter heiß werden lassen. Nüsse und Zucker darin karamellisieren. Auf Pergamentpapier verteilen, mit MAGGI Würzmischung 1 und Chili würzen und abkühlen lassen.
2. Möhren putzen, waschen, schälen und in Scheiben schneiden. Mango schälen, Fruchtfleisch in Spalten vom Stein lösen und klein würfeln. Chilischote waschen, Kerne und weiße Innenhäute entfernen und in Streifen schneiden. Schalotten schälen und in Würfel schneiden.
3. In einem Topf THOMY Reines Sonnenblumenöl heiß werden lassen. Schalotten darin glasig dünsten. Möhren und Chilischote kurz mitdünsten. Mangowürfel zugeben.
4. 500 ml Wasser zugießen. MAGGI Klare Hühner-Bouillon darin auflösen und ca. 10 Min. kochen. Suppe pürieren. 500 ml Wasser zugießen. Mit MAGGI Würzmischung 1 und Kurkuma würzen und abschmecken. In Suppentassen verteilen und mit dem Krokant und Petersilie garniert servieren.

MAGGI KOCHSTUDIO Ernährungsinfo:

Je Teller:
B: 539 kJ (129 kcal)
N: E 2g, KH 17g, F 5g

Kult-Rezept

Hackfleisch-Lauch-Suppe

6 Teller (Zubereitungszeit 30 Min.)

2 Stangen Lauch, 2 Möhren, 1 Zwiebel, 1 EL THOMY Reines Sonnenblumenöl, 500 g gemischtes Hackfleisch, 5 MAGGI Brühwürfel, 300 g Schmelzkäse, Salz, Pfeffer

1. Lauch putzen, waschen und in Ringe schneiden. Möhren putzen, waschen, schälen und raspeln. Zwiebel schälen und in Würfel schneiden.
2. In einem Topf THOMY Reines Sonnenblumenöl heiß werden lassen. Hackfleisch darin anbraten. Das Gemüse zugeben und mitbraten.
3. 1 l Wasser zugießen und zum Kochen bringen. MAGGI Brühwürfel darin auflösen und die Suppe zugedeckt bei mittlerer Wärmezufuhr ca. 10 Min. kochen.
4. Schmelzkäse zugeben und in der Suppe schmelzen lassen. Mit Salz und Pfeffer abschmecken.

Servieren Sie dazu Baguette.

MAGGI KOCHSTUDIO Ernährungsinfo:

Je Teller:
B: 1608 kJ (384 kcal)
N: E 27g, KH 5g, F 28g

Lieblings-Rezept

Gnocchi-Gemüse-Auflauf

4 Portionen (Zubereitungszeit 40 Min.)

300 g tiefgefrorener Broccoli, 4 Tomaten, 400 g Gnocchi (a.d. Kühlregal), 200 ml Sahne, 200 ml Milch, 1 EL Speisestärke, 4 TL Kräuter Fondor, 50 g geriebener Gouda (45 % Fett i.Tr.)

1. Backofen auf 200°C Ober-/Unterhitze (170°C Umluft) vorheizen. Broccoli auftauen lassen.
2. Tomaten waschen, den Blütenansatz und Kerne entfernen und in Würfel schneiden.
3. Gnocchi in eine Auflaufform geben. Broccoli und Tomaten darauf verteilen.
4. Sahne und Milch in einen Topf gießen, 3 EL zum Anrühren der Speisestärke abnehmen. Restliche Sahnemilch zum Kochen bringen. Die Speisestärke anrühren, unter Rühren in die kochende Flüssigkeit geben und einmal aufkochen. Mit Kräuter Fondor würzen und abschmecken.
5. Die Sauce über dem Auflauf verteilen. Mit Gouda bestreuen und im Backofen ca. 30 Min. backen.

Tipp: Der Auflauf kann anstelle von Gnocchi auch mit 400 g gekochten Nudeln zubereitet werden.

MAGGI KOCHSTUDIO Ernährungsinfo:

Kalorienbewusst Vegetarisch

Je Portion:
B: 1706 kJ (404 kcal)
N: E 13g, KH 40g, F 22g

Kult-Rezept

Nudelauflauf mit Schinken

2 Portionen (Zubereitungszeit 45 Min.)

125 g BUITONI Tortiglioni, 125 g gekochter Schinken, 1 Tomate, 100 ml Sahne, 1 Beutel MAGGI fix & frisch Nudel-Schinken Gratin, 1 TL Schnittlauchröllchen

1. Backofen auf 200°C Ober-/Unterhitze (170°C Umluft) vorheizen.
2. BUITONI Tortiglioni in eine flache Auflaufform geben. Schinken in Streifen schneiden und darüber verteilen.
3. Tomate mit heißem Wasser überbrühen, häuten, den Blütenansatz entfernen, in Würfel schneiden und auf den Nudeln verteilen.
4. In einem Topf 400 ml Wasser und Sahne erwärmen. MAGGI fix & frisch Nudel-Schinken Gratin einrühren, zum Kochen bringen und 1 Min. kochen. Die Soße über Nudeln, Schinken und Tomate verteilen und im Backofen ca. 30 Min. backen. Mit Schnittlauchröllchen garniert servieren.

MAGGI KOCHSTUDIO Ernährungsinfo:

Je Portion:
B: 2085 kJ (493 kcal)
N: E 22g, KH 58g, F 19g

Lieblings-Rezept

Rustikale Nudelpfanne

3 Portionen (Zubereitungszeit 25 Min.)

1 Zwiebel, 1 rote Paprikaschote, 150 g Wurst (z.B. Salami), 150 g Nudeln, 1 EL THOMY Reines Sonnenblumenöl, 2 Eier, 1 EL MAGGI Würze, frisch gemahlener Pfeffer, 2 EL Schnittlauchröllchen

1. Zwiebel schälen, halbieren und in Ringe schneiden. Paprikaschote waschen, Kerne und weiße Innenhäute entfernen und in Würfel schneiden. Wurst in Würfel schneiden.
2. Nudeln nach Anweisung auf der Packung kochen.
3. In einer Pfanne THOMY Reines Sonnenblumenöl heiß werden lassen. Zwiebel, Paprika, Wurst und die Nudeln ca. 10 Min. darin braten.
4. Eier mit MAGGI Würze und Pfeffer verquirlen. Über die Nudeln gießen und unter Rühren ca. 2 Min. braten. Mit Schnittlauchröllchen garnieren.

Servieren Sie dazu einen Blattsalat.

Tipp: Die Nudelpfanne kann auch mit 400 g gekochten Nudeln zubereitet werden.

MAGGI KOCHSTUDIO Ernährungsinfo:

Je Portion:
B: 1972 kJ (471 kcal)
N: E 22g, KH 37g, F 25g

Bärlauch-Pesto

Lieblings-Rezept

4 Portionen (Zubereitungszeit 10 Min.)

80 g Bärlauch, 100 ml THOMY Sonne & Olive, 1 gehäufter TL MAGGI Gartengemüse Bouillon, frisch gemahlener Pfeffer, 50 g gehackte Mandeln, 20 g frisch geriebener Parmesan

1. Bärlauch putzen, waschen, trocken schütteln und in Streifen schneiden. Mit THOMY Sonne & Olive, MAGGI Gartengemüse Bouillon und Pfeffer im Mixer pürieren.
2. Mandeln in einer Pfanne ohne Fett rösten und herausnehmen.
3. Mit Parmesan unter das Pesto rühren.

Servieren Sie das Pesto zu Spaghetti oder zu neuen Kartoffeln.

Tipp: Anstelle von Bärlauch können Sie auch Rucola oder Basilikum verwenden.

MAGGI KOCHSTUDIO Ernährungsinfo:

Je Portion:
B: 1350 kJ (326 kcal)
N: E 4g, KH 1g, F 33g

Italienisches Lachs-Nudel-Gratin

Lieblings-Rezept

4 Portionen (Zubereitungszeit 60 Min.)

250 g BUITONI Penne Lisce, 400 g Lachsfilets, 2 Knoblauchzehen, 20 kleine Salbeiblätter, 2 EL THOMY Sonne & Olive, 4 Tomaten, 4 Tomaten in Öl, 250 ml Sahne, 1 Beutel MAGGI fix & frisch Lachs-Sahne Gratin

1. Backofen auf 200°C Ober-/Unterhitze (170°C Umluft) vorheizen.
2. BUITONI Penne Lisce nach Anweisung auf der Packung zubereiten und in eine Auflaufform geben.
3. Lachsfilets waschen, trocken tupfen, in ca. 2 cm breite Streifen schneiden und auf den Nudeln verteilen.
4. Knoblauchzehen schälen und durchpressen. Salbeiblätter waschen, trocken tupfen und grob hacken.
5. In einer Pfanne THOMY Sonne & Olive heiß werden lassen. Knoblauch und Salbei zugeben und andünsten.
6. Tomaten waschen, den Blütenansatz entfernen und in Würfel schneiden. Tomaten in Öl in Streifen schneiden, mit den frischen Tomaten zufügen und 2 Min. mitdünsten.
7. 250 ml Wasser und Sahne zugießen, MAGGI fix & frisch Lachs-Sahne Gratin einrühren und zum Kochen bringen. Die Sauce über Nudeln und Lachs verteilen. Im Backofen 20-30 Min. backen.

MAGGI KOCHSTUDIO Ernährungsinfo:

Je Portion:
B: 2735 kJ (651 kcal)
N: E 29g, KH 58g, F 33g

Kult-Rezept

Lasagne Bolognese

6 Portionen (Zubereitungszeit 60 Min.)

2 EL THOMY Reines Sonnenblumenöl, 400 g gemischtes Hackfleisch, 2 Dosen (à 425 ml) geschälte Tomaten, 2 Beutel MAGGI fix & frisch Lasagne, 125 ml Milch, 1 Päckchen MAGGI Delikatess Feine helle Soße Holländische Art, 2 Ecken (à 62,5 g) Schmelzkäse, 20 g Butter, 12 Blätter BUITONI Lasagne, 75 g geriebener Gouda

1. Backofen auf 200°C Ober-/Unterhitze (170°C Umluft) vorheizen.
2. Für die Hackfleischsoße: In einem Topf THOMY Reines Sonnenblumenöl heiß werden lassen. Hackfleisch darin anbraten.
3. Tomaten abtropfen lassen, den Saft dabei auffangen und klein schneiden. Den Tomatensaft mit Wasser auf 500 ml auffüllen und zum Hackfleisch gießen. MAGGI fix & frisch Lasagne einrühren, zum Kochen bringen und bei geringer Wärmezufuhr 5 Min. kochen, dabei gelegentlich umrühren. Tomaten unterrühren.
4. Für die Béchamelsoße: In einem Topf 125 ml Wasser und Milch erwärmen. MAGGI Delikatess Feine helle Soße Holländische Art einrühren. Unter Rühren zum Kochen bringen. Schmelzkäse zerkleinern, unter die Soße geben und schmelzen lassen.
5. Eine Auflaufform (ca. 30 x 23 cm) mit Butter einfetten. Abwechselnd Hackfleischsoße und BUITONI Lasagne einschichten. Mit der Soße beginnen und abschließen, jeweils einige Esslöffel Béchamelsoße auf jede Schicht Hackfleischsoße verteilen. Diesen Vorgang wiederholen, bis alle Teigblätter verbraucht sind.
6. Die letzte Nudelschicht mit Soße bedecken, restliche Béchamelsoße darüber verteilen und mit Käse bestreuen. Im Backofen ca. 40 Min. backen.

Servieren Sie dazu einen bunten Salat.

MAGGI KOCHSTUDIO Ernährungsinfo:

Je Portion:
B: 2206 kJ (525 kcal)
N: E 27g, KH 36g, F 30g

Maggi
KOCHSTUDIO
München

Maggi
KOCHSTUDIO
50 Jahre

Lieblings-Rezept

Geschnetzeltes mit Frühlingsgemüse

3 Portionen (Zubereitungszeit 20 Min.)

300 g Schweinegeschnetzeltes, Salz, Pfeffer, 1 Möhre, 2 Frühlingszwiebeln, 2 EL THOMY Reines Sonnenblumenöl, 1 Päckchen MAGGI Delikatess Rahmsoße zu Braten, 1 EL THOMY Delikatess-Senf, 50 g geriebener Käse

1. Schweinegeschnetzeltes mit Salz und Pfeffer würzen.
2. Möhre putzen, waschen, schälen und in Scheiben schneiden. Frühlingszwiebeln putzen, waschen und in Ringe schneiden.
3. In einer Pfanne THOMY Reines Sonnenblumenöl heiß werden lassen. Geschnetzeltes darin anbraten, die Möhrenscheiben und Frühlingszwiebelringe zufügen und mitbraten.
4. 250 ml Wasser zugießen. MAGGI Delikatess Rahmsoße zu Braten einrühren, zum Kochen bringen und 1 Min. kochen. THOMY Delikatess-Senf zufügen.
5. Käse darüberstreuen und bei geringer Wärmezufuhr zugedeckt ca. 5 Min. garen, bis der Käse zerlaufen ist.

Servieren Sie dazu MAGGI Kartoffel Püree.

MAGGI KOCHSTUDIO Ernährungsinfo:

mit Sonnenblumenöl

Je Portion:
B: 1388 kJ (333 kcal)
N: E 29g, KH 7g, F 20g

Knuspriges Chili con Carne-Gratin

Lieblings-Rezept

3 Portionen (Zubereitungszeit 45 Min.)

250 g Kartoffeln, 2 EL THOMY Reines Sonnenblumenöl, 200 g gemischtes Hackfleisch, 1 Beutel MAGGI fix & frisch Chili con Carne, 1 Dose (150 g) Mais, 1 Dose (212 ml) Kidneybohnen, 50 g Tortilla-Chips, 50 g geriebener Käse

1. Backofen auf 200°C Ober-/Unterhitze (170°C Umluft) vorheizen.
2. Kartoffeln waschen, schälen und in kleine Würfel schneiden.
3. In einer Pfanne THOMY Reines Sonnenblumenöl heiß werden lassen. Hackfleisch darin braten. Kartoffelwürfel zugeben und kurz mitbraten.
4. 250 ml Wasser zugießen. MAGGI fix & frisch Chili con Carne einrühren, zum Kochen bringen und bei geringer Wärmezufuhr ca. 5 Min. kochen.
5. Mais und Kidneybohnen abtropfen lassen, zugeben und in eine Auflaufform geben. Im Backofen 15 Min. backen. Mit Tortilla-Chips belegen, mit Käse bestreuen und weitere 15 Min. backen.

Dazu passt ein Klecks Schmand.

MAGGI KOCHSTUDIO Ernährungsinfo:

mit Sonnenblumenöl

Je Portion:
B: 2255 kJ (539 kcal)
N: E 26g, KH 36g, F 31g

Kult-Rezept

Zwiebel-Frikadellen

4 Portionen (Zubereitungszeit 30 Min.)

500 g gemischtes Hackfleisch, ½ rote Paprikaschote, 1 Beutel MAGGI Meisterklasse Zwiebelsuppe Feinschmecker Art, 200 ml Sahne, 2 EL THOMY Reines Sonnenblumenöl

1. Hackfleisch in eine Schüssel geben.
2. Paprikaschote waschen, Kerne und weiße Innenhäute entfernen, in kleine Würfel schneiden und zugeben.
3. MAGGI Meisterklasse Zwiebelsuppe Feinschmecker Art darüberstreuen. Sahne zugießen. Zutaten zu einem Hackfleischteig vermengen. Mit nassen Händen daraus kleine Frikadellen formen.
4. In einer Pfanne THOMY Reines Sonnenblumenöl heiß werden lassen. Frikadellen darin rundherum braten.

Servieren Sie dazu einen gemischten Salat.

MAGGI KOCHSTUDIO Ernährungsinfo:

mit Sonnenblumenöl

Je Portion:
B: 2187 kJ (522 kcal)
N: E 26g, KH 9g, F 42g

Zwiebelschnitzel Meisterklasse

Kult-Rezept

4 Portionen (Zubereitungszeit 30 Min.)

8 (à ca. 80 g) Schweineschnitzel, 1 Beutel MAGGI Meisterklasse Zwiebelsuppe Feinschmecker Art, 250 ml Sahne, 250 g Schmand

1. Backofen auf 200°C Ober-/Unterhitze (170°C Umluft) vorheizen.
2. Schnitzel waschen, trocken tupfen und in eine flache Auflaufform legen.
3. MAGGI Meisterklasse Zwiebelsuppe Feinschmecker Art mit Sahne und Schmand verrühren und über die Schnitzel gießen.
4. Im Backofen ca. 25 Min. backen.

Servieren Sie dazu Pommes frites.

Tipp: Anstelle von Schweineschnitzeln können Sie auch Hähnchen- oder Putenbrustfilets verwenden.

MAGGI KOCHSTUDIO Ernährungsinfo:

Je Portion:
B: 2196 kJ (524 kcal)
N: E 40g, KH 11g, F 35g

Lieblings-Rezept

Schnitzel-Pizza

8 Portionen (Zubereitungszeit 75 Min.)

8 dünne Putenschnitzel, 4 Scheiben gekochter Schinken, 1 Bund Frühlingszwiebeln, 150 g Champignons, 1 EL THOMY Sonne & Olive, 2 Beutel MAGGI fix & frisch Spaghetti Napoli, 200 g Schmand, 10 schwarze, entsteinte Oliven, 300 g Mozzarella

1. Backofen auf 200°C Ober-/Unterhitze (170°C Umluft) vorheizen.
2. Putenschnitzel waschen, trocken tupfen und nebeneinander in eine flache Auflaufform oder in die Fettpfanne des Backofens legen. Schinken halbieren und auf die Putenschnitzel legen.
3. Frühlingszwiebeln putzen, waschen und in dünne Ringe schneiden. Champignons putzen und in Scheiben schneiden.
4. In einer Pfanne THOMY Sonne & Olive heiß werden lassen. Frühlingszwiebeln und Champignons zugeben und kurz andünsten. 300 ml Wasser zugießen. MAGGI fix & frisch Spaghetti Napoli einrühren, zum Kochen bringen und 1 Min. kochen lassen. Dabei gelegentlich umrühren. Schmand zufügen und gut unterrühren.
5. Oliven klein schneiden und in die Sauce geben. Sauce über den Putenschnitzeln verteilen. Mozzarella in kleine Würfel schneiden und darüber streuen. Im Backofen ca. 45 Min. backen.

MAGGI KOCHSTUDIO Ernährungsinfo:

Je Portion:
B: 1320 kJ (315 kcal)
N: E 26g, KH 10g, F 18g

Hirschragout

8 Portionen (Zubereitungszeit 100 Min.)

2 EL THOMY Reines Sonnenblumenöl, 1 kg Hirschgulasch, 125 ml Rotwein, 2 Beutel MAGGI fix & frisch Sauerbraten, 2 TL Lebkuchengewürz, 1½ EL Quittengelee, 2 EL saure Sahne

1. In einem Bräter THOMY Reines Sonnenblumenöl heiß werden lassen. Hirschgulasch dazugeben und anbraten.
2. 375 ml Wasser und Rotwein zugießen. MAGGI fix & frisch Sauerbraten einrühren und zum Kochen bringen.
3. Lebkuchengewürz und Quittengelee zugeben. Das Hirschragout bei geringer Wärmezufuhr zugedeckt ca. 1½ Std. schmoren.
4. Saure Sahne verrühren und das Hirschragout damit garniert servieren.

Lieblings-Rezept

Servieren Sie dazu Knödel.

Tipp: Anstelle von Hirschgulasch können Sie auch Rindergulasch verwenden.

MAGGI KOCHSTUDIO Ernährungsinfo:

Kalorienbewusst

Je Portion:
B: 949 kJ (226 kcal)
N: E 26g, KH 9g, F 7g

1997 feiert Maggi 100jähriges Jubiläum. Im größten Maggi Kochstudio der Welt bereiten 1000 Gäste der Jubiläumsfeier, darunter Hannelore Kohl, Petra Roth und Alfred Biolek, an insgesamt 300 Herden ihr Hauptgericht selbst zu. Unter Anleitung des Fernsehkochs Johann Lafer und mit Unterstützung des Maggi Kochstudios. Eine Leistung, die mit einem Eintrag ins Guinness-Buch der Rekorde belohnt wurde.

Maggi
KOCHSTUDIO
50 Jahre
Danke
für viele Jahre
100 Jahre
Maggi

Lieblings-Rezept

Gefüllte Schweinelende mit Rosmarin

6 Portionen (Zubereitungszeit 60 Min.)

2 Frühlingszwiebeln, 1 Scheibe Toastbrot, 100 g Kräuter-Frischkäse, 1 Eigelb, MAGGI Würzmischung 1 – gebratenes Fleisch, 2 (à 500 g) Schweinelenden, 100 g HERTA Breakfast Bacon, Küchengarn, 2 Zweige Rosmarin, 1 EL THOMY Reines Sonnenblumenöl, 1 EL MAGGI Bratenfond classic, 2 EL Soßenbinder für dunkle Soßen

1. Backofen auf 200°C Ober-/Unterhitze (170°C Umluft) vorheizen.
2. Frühlingszwiebeln putzen, waschen und in feine Ringe schneiden.
3. Toastbrot zerbröseln. Frühlingszwiebeln mit Toastbrotbröseln, Kräuter-Frischkäse, Eigelb und MAGGI Würzmischung 1 verkneten.
4. Schweinelenden waschen, trocken tupfen und mit einem breiten Messer flachdrücken. Eine Schweinelende mit der Frischkäsepaste bestreichen, die zweite Schweinelende darauflegen, mit HERTA Breakfast Bacon umwickeln und mit Küchengarn festbinden.
5. Rosmarin waschen, trocken schütteln, kleine Stiele abzupfen und unter das Küchengarn schieben.
6. In einer Pfanne THOMY Reines Sonnenblumenöl heiß werden lassen. Die Schweinelende ca. 10 Min. von allen Seiten anbraten. Herausnehmen, auf die Fettpfanne des Backofens legen und im Backofen ca. 35 Min. garen. Den Bratensatz in der Pfanne mit 250 ml Wasser ablöschen. Nach 20 Min. Garzeit den Bratenfond zum Fleisch gießen. Nach Ende der Garzeit Fleisch herausnehmen und warm stellen.
7. Den Bratenfond mit Wasser auf 500 ml auffüllen und in einen Topf gießen. Zum Kochen bringen und MAGGI Bratenfond classic zufügen. Den Bratenfond mit Soßenbinder für dunkle Soßen binden. Das Fleisch mit einem Elektromesser in dicke Scheiben schneiden und mit der Soße auf Tellern anrichten.

Servieren Sie dazu Gnocchi.

MAGGI KOCHSTUDIO Ernährungsinfo:

Je Portion:
B: 1493 kJ (356 kcal)
N: E 42g, KH 8g, F 16g

Lieblings-Rezept

Orientalischer Rindfleischtopf mit Datteln

12 Portionen (Zubereitungszeit 120 Min.)

3 EL THOMY Reines Sonnenblumenöl, 1,5 kg Rindergulasch, 3 Beutel MAGGI fix & frisch Gulasch, 200 g getrocknete Feigen, 200 g getrocknete u. entsteinte Datteln, 3 EL Zitronensaft, 2 TL Raz el Hanout

1. In einem großen Topf oder Bräter THOMY Reines Sonnenblumenöl heiß werden lassen. Rindergulasch darin portionsweise anbraten und zum Schluss wieder zusammen in den Topf geben.
2. 1¼ l Wasser zugießen. MAGGI fix & frisch Gulasch einrühren und zum Kochen bringen. Bei geringer Wärmezufuhr zugedeckt ca. 70 Min. schmoren, dabei gelegentlich umrühren.
3. Feigen und Datteln in kleine Würfel schneiden, zum Gulasch geben und weitere 20 Min. garen. Mit Zitronensaft und Raz el Hanout abschmecken.

Tipp: Raz el Hanout ist eine orientalische Gewürzmischung, die Sie bei gut sortierten Gewürzhändlern bekommen.

MAGGI KOCHSTUDIO Ernährungsinfo:

Je Portion:
B: 1355 kJ (323 kcal)
N: E 27g, KH 27g, F 10g

Lieblings-Rezept

Rouladen mit Pflaumen-Speckfüllung

4 Portionen (Zubereitungszeit 120 Min.)

50 g Frühstücksspeck, 125 g getrocknete Pflaumen, 4 (à 100 g) Rinderrouladen, 4 EL THOMY Delikatess-Senf, 4 Rouladennadeln, 2 EL THOMY Reines Sonnenblumenöl, 1 Beutel MAGGI fix & frisch Rouladen, 2 EL Crème fraîche

1. Frühstücksspeck in Würfel schneiden. Pflaumen klein schneiden.
2. Rouladen waschen, trocken tupfen und mit THOMY Delikatess-Senf bestreichen. Pflaumen und Speck auf den Rouladen verteilen, aufrollen und mit Rouladennadeln feststecken.
3. In einem großen Topf oder Bräter THOMY Reines Sonnenblumenöl heiß werden lassen, Rouladen darin anbraten und herausnehmen.
4. 375 ml Wasser zugießen. MAGGI fix & frisch Rouladen einrühren und zum Kochen bringen. Rouladen zugeben und zugedeckt 1½ Std. schmoren. Dabei gelegentlich wenden. Rouladen herausnehmen.
5. Crème fraîche unter die Soße rühren und zu den Rouladen servieren.

Servieren Sie dazu MAGGI Kartoffel Püree.

MAGGI KOCHSTUDIO Ernährungsinfo:

Je Portion:
B: 1525 kJ (365 kcal)
N: E 25g, KH 23g, F 18g

Pochiertes Rinderfilet mit Salsa verde

6 Portionen (Zubereitungszeit 60 Min.)

1 Ei, 1 Scheibe Weißbrot, 1 EL Rotweinessig, 2 Knoblauchzehen, 4 Sardellenfilets, 1 Bund Petersilie, 2 EL Kapern, 125 ml THOMY Sonne & Olive, frisch gemahlener Pfeffer, 1,2 kg Rinderfilet, 2 TL MAGGI Würzmischung 1 – gebratenes Fleisch, 850 g Möhren, Kräuter Fondor, 200 g Zuckerschoten, 4 EL MAGGI Klare Rinds-Bouillon, 25 g Butter

1. Für die Salsa verde: Ei in ca. 10 Min. hart kochen, pellen und in Viertel schneiden. Von dem Weißbrot die Rinde abschneiden und zerbröseln. Mit Rotweinessig begießen. Knoblauchzehen schälen. Sardellenfilets mit Wasser abspülen. Petersilie waschen, trocken schütteln, Blättchen von den Stielen zupfen und die Stiele aufheben.
2. Weißbrot, Knoblauch, Petersilienblättchen, Ei, Sardellenfilets und Kapern im Blitzhacker pürieren. Nach und nach THOMY Sonne & Olive zugeben. Mit Pfeffer würzen und abschmecken.
3. Rinderfilet waschen, trocken tupfen, mit MAGGI Würzmischung 1 rundherum einreiben und 30 Min. ziehen lassen.
4. Möhren putzen, waschen, schälen, in ca. 5 cm lange Stücke schneiden und vierteln.
5. In einem Topf Wasser mit Kräuter Fondor zum Kochen bringen und die Möhren darin ca. 7 Min. bissfest garen.
6. Zuckerschoten putzen und waschen.
7. In einem Topf 2 l Wasser zum Kochen bringen. MAGGI Klare Rinds-Bouillon darin auflösen. Petersilienstiele und Zuckerschoten zugeben und ca. 3 Min. garen. Zuckerschoten mit einem Schaumlöffel herausnehmen und in Eiswasser abkühlen. Das Rinderfilet in die siedende Bouillon legen und bei geringer Wärmezufuhr ca. 20-30 Min. garen.
8. In einem Topf Butter heiß werden lassen. Die Möhren und Zuckerschoten darin andünsten.
9. Das Rinderfilet aus der Brühe nehmen, in dünne Scheiben schneiden und mit dem Gemüse und der Salsa verde auf Tellern anrichten.

Zubereitungszeit ohne Ziehzeit.

Servieren Sie dazu Salzkartoffeln oder Ciabatta.

MAGGI KOCHSTUDIO Ernährungsinfo:

Je Portion:
B: 2479 kJ (595 kcal)
N: E 49g, KH 17g, F 36g

Lieblings-Rezept

Lieblings-Rezept

Kalbfleisch-Spargelfrikassee

3 Portionen (Zubereitungszeit 40 Min.)

250 g weißer Spargel, 1 TL Salz, 1 Prise Zucker, 3 EL Butter, 450 g Champignons, 1 Bund Suppengrün, 400 g Kalbfleisch, 1 Beutel MAGGI fix & frisch Rahm Geschnetzeltes, 4 EL Sahne

1. Spargel waschen, schälen und in Stücke schneiden. In einem Topf 1,5 l Wasser mit Salz und Zucker zum Kochen bringen. 1 EL Butter und Spargel zugeben und ca. 20 Min. garen. Abgießen, dabei das Spargelwasser auffangen und 250 ml abmessen.
2. Champignons putzen und in Viertel schneiden. Suppengrün putzen, waschen, evtl. schälen und klein schneiden. Lauch in Ringe, Sellerie und Möhren in Würfel schneiden, Petersilie hacken.
3. Kalbfleisch waschen, trocken tupfen und in Würfel schneiden.
4. In einem Topf 2 EL Butter heiß werden lassen. Kalbfleisch darin kurz anbraten. Gemüse zugeben und mit anbraten.
5. 250 ml Spargelwasser zugießen. MAGGI fix & frisch Rahm Geschnetzeltes einrühren, zum Kochen bringen und 15-20 Min. bei geringer Wärmezufuhr garen. Sahne unterrühren.
6. Spargel zufügen und heiß werden lassen. Mit Petersilie garniert servieren.

Servieren Sie dazu eine Wildreismischung oder MAGGI Kartoffel Püree.

Tipp: Sie können das Kalbfleisch-Spargelfrikassee auch in Blätterteig-Pasteten füllen.

MAGGI KOCHSTUDIO Ernährungsinfo:

mit Ballaststoffen

Je Portion:
B: 1905 kJ (455 kcal)
N: E 36g, KH 17g, F 26g

Alles, damit das Leben schön lecker und ausgewogen schmeckt!

Eine gute Ernährung hat nicht nur mit guten Zutaten zu tun, sondern auch mit Vertrauen. So steht die Marke MAGGI nicht von ungefähr seit Generationen für Genuss von besonderer Qualität. Denn ganz nach dem über 100 Jahre alten Grundsatz von Firmengründer Julius Maggi vom „Helfen und Dienen" arbeiten wir bei MAGGI bis heute stets daran, unsere Produkte jeden Tag ein bisschen besser zu machen. Dabei spielen sich diese Verbesserungen gar nicht nur in der Verpackung ab, sondern manchmal auch darauf. Oder ganz woanders – aber sehen Sie selbst …

Ein Kompass, mit dem die Richtung einfach stimmt. Auf allen MAGGI Produkten findet sich der Ernährungskompass. Er macht es Ihnen leichter, sich und Ihre Lieben gesund und ausgewogen zu ernähren. So finden Sie auf dem Ernährungskompass – unter dem Stichwort „gut zu wissen" – alle wichtigen Nährstoffangaben übersichtlich aufgelistet: Brennwert, Eiweiß, Kohlenhydrate, Zucker, Fettgehalt, gesättigte Fettsäuren, Ballaststoffe, Natrium … Und das pro 100 Gramm, pro Portion und als Prozentsatz der empfohlenen Tageszufuhr eines Erwachsenen. Auch das Zeichen „100 % Geschmack natürlich von MAGGI" beinhaltet der Ernährungskompass immer öfter – und gibt Ihnen die Information, dass das Produkt ganz ohne Zusatzstoffe wie Geschmacksverstärker, Farb- und Konservierungsstoffe auskommt. Und falls noch Fragen offen sind, zeigt der Ernährungskompass auch noch die Telefonnummer vom MAGGI KOCHSTUDIO sowie die Internetadressen **www.maggi.de** und **www.nestle.de**

Nährwerte	pro 100 g zubereitetes Gericht	pro zubereiteter Portion (310 g)	%Tageszufuhr*
Brennwert	707 kJ =170 kcal	2192 kJ =527 kcal	26 %
Eiweiß	13,3 g	41,2 g	82 %
Kohlenhydrate	3,1 g	9,6 g	4 %
davon Zucker	1,1 g	3,4 g	4 %
Fett	11,5 g	35,7 g	51 %
davon gesättigte Fettsäuren	7,2 g	22,3 g	112 %
Ballaststoffe	< 0,5 g	< 1,6 g	< 6 %
Natrium	0,25 g	0,78 g	33 %

* Richtwerte basierend auf einer Ernährung von 2000 kcal. Der persönliche Bedarf variiert nach Alter, Geschlecht, Gewicht und körperlicher Aktivität.

100% Geschmack braucht keine Verstärkung
Weil weniger oft mehr ist, verzichten wir für den unverwechselbar natürlichen Geschmack unserer Produkte immer öfter auf Zusatzstoffe wie Geschmacksverstärker, Farb- und Konservierungsstoffe. Und wenn es ohne diese Zusatzstoffe doch mal nicht geht, geben wir dies deutlich in der Zutatenliste an.

Klarheit auf den ersten Blick:
Die Nährwertkennzeichnung. Die neue Nährwertkennzeichnung findet sich auf der Vorderseite der Verpackung und umfasst bei MAGGI, der Aussagekraft wegen, nur einen einzigen Aspekt: die Angabe über den Energiegehalt in Kilokalorien (kcal) und in Prozent der Tageszufuhr pro Portion. Basis für die Prozentangabe sind wissenschaftlich fundierte Richtwerte für die tägliche Energiezufuhr von gesunden Erwachsenen bzw. Kindern, die von MAGGI und anderen Herstellern einheitlich verwendet werden.

Kleine Lesehilfe gefällig?
Eine zubereitete Portion des Produktes hat 77 kcal. Diese Energiemenge entspricht ca. 4 % des Richtwertes für die Tageszufuhr eines Erwachsenen. Das Lebensmittel liefert also ca. 4 % der Energie, die man im Durchschnitt täglich zu sich nehmen sollte.

Weil die pure Natur am besten schmeckt:
MAGGI NaturPur. Bio-Produkte in hoher Qualität liegen im Trend. Deshalb haben wir diesem Trend gleich eine ganze Produktlinie gewidmet: das Bio-Sortiment NaturPur. Unter diesem Namen bieten wir Ihnen eine feine Auswahl hochwertiger Würzmittel, Salatsaucen, Brühen, Terrinen, Suppen und Fix-Produkte, die alle eines gemeinsam haben: Sie tragen alle das Bio-Siegel und erfüllen damit, neben unseren eigenen Qualitätsanforderungen, auch die strengen Richtlinien der EG-Öko-Verordnung. Wir bieten Ihnen mit MAGGI NaturPur Bio-Produkten hohe Qualität und 100% Geschmack an – und das so natürlich wie möglich.

Maggi®
KOCHSTUDIO
Hamburg

Maggi KOCHSTUDIO 50 Jahre

Mit Maggi macht der Kochkurs Spaß

Lust am Kochen in entspannter, geselliger Runde? Das Maggi Kochstudio bietet täglich Kochkurse an, mit monatlich wechselnden Trendthemen.

Im Maggi Kochstudio finden Sie jede Menge neue Rezepte, Tipps, Anregungen und freundliche, individuelle Beratung rund ums Kochen und Genießen.

Mit Familie, guten Freunden, Kollegen oder Ihren Kunden können Sie das Maggi Kochstudio auch ganz privat buchen.

Lieblings-Rezept

Toskanischer Schweinebraten – Arista di maiale

4 Portionen (Zubereitungszeit 100 Min.)

4 Zweige Rosmarin, 1 unbehandelte Zitrone, 2 Knoblauchzehen, 2 TL Fenchelsamen, 1 EL MAGGI Würzmischung 1 – gebratenes Fleisch, 1 kg Schweinefleisch (aus dem Nacken), 2 Fenchelknollen, 600 g Kartoffeln, 1 Päckchen MAGGI Delikatess Soße zu Schweinebraten

1. Den Backofen und darin die Fettpfanne auf 180°C Ober-/Unterhitze (150°C Umluft) vorheizen.
2. Rosmarin waschen, trocken schütteln und Nadeln von den Stielen zupfen. Zitrone heiß abwaschen. Die Schale abreiben und den Saft auspressen. Knoblauchzehen schälen, mit Rosmarin und Fenchelsamen fein hacken. Zitronenschale zufügen. Mit MAGGI Würzmischung 1 mischen.
3. Schweinefleisch waschen, trocken tupfen und von allen Seiten mit der Gewürzmischung einreiben. In die heiße Fettpfanne legen und im Backofen ca. 30 Min. braten.
4. Fenchelknollen putzen, waschen und in Achtel schneiden. Kartoffeln waschen, schälen und in große Würfel schneiden. Nach 30 Min. zusammen mit dem Fenchel zum Schweinebraten geben und weitere 50 Min. garen. Dabei nach und nach den Zitronensaft und 500 ml Wasser zugießen und den Braten immer wieder begießen.
5. Den fertigen Braten mit den Kartoffeln und dem Fenchel aus dem Ofen nehmen und auf eine Platte legen. Die Garflüssigkeit in einen Messbecher geben, mit Wasser auf 250 ml auffüllen und in einen kleinen Topf gießen. MAGGI Delikatess Soße zu Schweinebraten einrühren und 1 Min. kochen. Die Soße zum Schweinebraten und dem Gemüse servieren.

Servieren Sie dazu Gnocchi.

MAGGI KOCHSTUDIO Ernährungsinfo:

Je Portion:
B: 2498 kJ (597 kcal)
N: E 57g, KH 30g, F 26g

Ein starkes Team: Horst Lichter und das Maggi Kochstudio

Seit 2008 kreiert das Maggi Kochstudio gemeinsam mit Horst Lichter leckere Rezepte, die nicht nur ganz nach dem Geschmack des urigen Fernsehkochs sind, sondern mit frischen Zutaten und unseren Maggi Produkten „Moderner Kochen mit Horst Lichter" auch ganz einfach gelingen.

Maggi
KOCHSTUDIO
50 Jahre
Maggi
CHSTUDIO

Kult-Rezept

Kochen mit Horst Lichter: Überbackene Camembert-Medaillons

3 Portionen (Zubereitungszeit 40 Min.)

1 Tomate, 120 g Camembert, 6 (à ca. 70 g) Schweinemedaillons, 6 Scheiben Schinkenspeck; 100 ml Sahne, 1 Beutel MAGGI Moderner Kochen mit Horst Lichter Überbackene Camembert-Medaillons

1. Backofen auf 200°C Ober-/Unterhitze (170°C Umluft) vorheizen.
2. Tomate waschen und den Blütenansatz entfernen. Camembert und die Tomate in jeweils 6 Scheiben schneiden.
3. Schweinemedaillons waschen, trocken tupfen und mit jeweils einer Scheibe Camembert belegen. Mit Schinkenspeck umwickeln, in eine Auflaufform legen und jeweils eine Tomatenscheibe darauf legen.
4. In einem Topf 200 ml Wasser und Sahne mit MAGGI Moderner Kochen mit Horst Lichter Überbackene Camembert-Medaillons verrühren und unter Rühren zum Kochen bringen. Über die Medaillons geben. Im Backofen ca. 30 Min. backen.

Servieren Sie dazu Kroketten.

Tipp: Nach Belieben mit Thymianzweigen garniert servieren.

MAGGI KOCHSTUDIO Ernährungsinfo:

Je Portion:
B: 1963 kJ (468 kcal)
N: E 49g, KH 9g, F 25g

„Dagegen kannste so ein schickes Cordon bleu glatt vergessen."

Kult-Rezept

Putenschnitzel „Tomate-Mozzarella“

2 Portionen (Zubereitungszeit 25 Min.)

2 Putenschnitzel, Salz, Pfeffer, 2 EL THOMY Reines Sonnenblumenöl, 50 ml Sahne, 1 Päckchen MAGGI Delikatess Tomatensoße, 1 EL Aceto Balsamico, 1 Kugel (125 g) Mozzarella, 6 Basilikumblätter

1. Putenschnitzel waschen, trocken tupfen, halbieren und mit Salz und Pfeffer würzen.
2. In einer Pfanne THOMY Reines Sonnenblumenöl heiß werden lassen. Die Putenschnitzel von beiden Seiten darin ca. 5 Min. anbraten, herausnehmen und warm halten.
3. 200 ml Wasser und Sahne in die Pfanne gießen und zum Kochen bringen. MAGGI Delikatess Tomatensoße einrühren, zum Kochen bringen und 1 Min. kochen.
4. Aceto Balsamico unterrühren. Die Putenschnitzel wieder in die Soße geben. Mozzarella in Scheiben schneiden und auf den Schnitzeln verteilen. Zugedeckt bei geringer Wärmezufuhr ca. 5 Min. garen, bis der Mozzarella geschmolzen ist.
5. Basilikum waschen, trocken tupfen und die Schnitzel damit garniert servieren.

Servieren Sie dazu Gnocchi.

Tipp: Anstelle von Putenschnitzeln können Sie auch Schweinemedaillons oder Schweineschnitzel verwenden.

MAGGI KOCHSTUDIO Ernährungsinfo:

Je Portion:
B: 2026 kJ (486 kcal)
N: E 28g, KH 11g, F 35g

„Klappente" mit Rosmarin

4 Portionen (Zubereitungszeit 100 Min.)

1 (ca. 2 kg) Ente, MAGGI Würzmischung 1 – gebratenes Fleisch, 2 EL THOMY Reines Sonnenblumenöl, 1 kg kleine Kartoffeln, 2 Zweige Rosmarin, 3 Knoblauchzehen, 1 Päckchen MAGGI Delikatess Pfeffersoße

1. Backofen auf 220°C Ober-/Unterhitze (200°C Umluft) vorheizen. Die Fettpfanne auf die unterste Einschubhöhe geben und heiß werden lassen.
2. Ente innen und außen waschen und trocken tupfen. Die Ente mit einer Geflügelschere rechts und links am Rückgrat aufschneiden und das Rückgrat heraustrennen. Die Ente aufklappen und etwas flach drücken. Mit MAGGI Würzmischung 1 von allen Seiten kräftig würzen.
3. THOMY Reines Sonnenblumenöl auf die Fettpfanne geben. Die Ente mit der Hautseite nach unten darauflegen und ca. 20 Min. braten.
4. Kartoffeln gründlich waschen und halbieren. Rosmarin waschen, trocken schütteln und halbieren. Knoblauchzehen mit der Messerklinge etwas flach drücken.
5. Ente mit der Fettpfanne aus dem Ofen nehmen. Fett bis auf 3 EL abgießen. Kartoffeln, Rosmarin und Knoblauch darauf verteilen. Mit MAGGI Würzmischung 1 bestreuen. Ente mit der Hautseite nach oben darauflegen und weitere 40 Min. braten. Rosmarin und Knoblauch entfernen.
6. In einem Topf 250 ml Wasser zum Kochen bringen. MAGGI Delikatess Pfeffersoße einrühren und 1 Min. kochen. Die Ente in portionsgerechte Stücke tranchieren und mit der Sauce und den Kartoffeln servieren.

MAGGI KOCHSTUDIO Ernährungsinfo:

Je Portion:
B: 5835 kJ (1391 kcal)
N: E 96g, KH 40g, F 94g

Lieblings-Rezept

Lieblings-Rezept

Apfelwein-Hähnchen

2 Portionen (Zubereitungszeit 45 Min.)

2 Hähnchenbrustfilets, 1 Apfel, 2 Frühlingszwiebeln, 50 g HERTA Bacon Würfel, 200 ml Sahne, 50 ml Apfelwein, 1 Beutel MAGGI fix & frisch Zwiebel-Sahne Hähnchen, 1 EL THOMY Delikatess-Senf

1. Backofen auf 200°C Ober-/Unterhitze (170°C Umluft) vorheizen.
2. Hähnchenbrustfilets waschen, trocken tupfen und in eine Auflaufform legen.
3. Apfel waschen, in Viertel schneiden, das Kerngehäuse entfernen und in Scheiben schneiden. Auf dem Hähnchen verteilen. Frühlingszwiebeln putzen, waschen und in Ringe schneiden.
4. In einer Pfanne HERTA Bacon Würfel ausbraten. Frühlingszwiebeln zugeben und mitbraten.
5. Sahne und Apfelwein zugießen. MAGGI fix & frisch Zwiebel-Sahne Hähnchen einrühren und zum Kochen bringen. THOMY Delikatess-Senf einrühren. Sauce über den Hähnchenbrustfilets verteilen und im Backofen ca. 30 Min. backen.

Servieren Sie dazu Reis.

MAGGI KOCHSTUDIO Ernährungsinfo:

Je Portion:
B: 2642 kJ (631 kcal)
N: E 43g, KH 22g, F 39g

Buntes Zwiebel-Sahne-Hähnchen

Kult-Rezept

3 Portionen (Zubereitungszeit 35 Min.)

400 g Hähnchenbrustfilets, 1 kleine Stange Lauch, 2 Möhren, 1 EL THOMY Reines Sonnenblumenöl, 1 TL Curry, 125 ml Sahne, 1 Beutel MAGGI fix & frisch Zwiebel-Sahne Hähnchen

1. Backofen auf 200°C Ober-/Unterhitze (170°C Umluft) vorheizen.
2. Hähnchenbrustfilets waschen, trocken tupfen und in eine Auflaufform geben.
3. Lauch putzen, waschen und in Ringe schneiden. Möhren putzen, waschen, schälen und raspeln.
4. In einem Topf THOMY Reines Sonnenblumenöl heiß werden lassen. Lauch und Möhren darin andünsten. Curry zufügen.
5. Sahne und 125 ml Wasser zugießen. MAGGI fix & frisch Zwiebel-Sahne Hähnchen einrühren und unter Rühren zum Kochen bringen. 1 Min. kochen und über den Hähnchenbrustfilets verteilen. Im Backofen ca. 20 Min. backen.

Servieren Sie dazu Reis.

MAGGI KOCHSTUDIO Ernährungsinfo:

Je Portion:
B: 1483 kJ (355 kcal)
N: E 35g, KH 12g, F 18g

Lieblings-Rezept

Hähnchenbrust mit Sommergemüse vom Blech

4 Portionen (Zubereitungszeit 60 Min.)

500 g festkochende Kartoffeln, je 1 rote und gelbe Paprikaschote, 1 Zucchini, 150 g Schalotten, 2 gehäufte TL MAGGI Klare Hühner-Bouillon, 1 Zitrone, 2 EL THOMY Reines Sonnenblumenöl, 2 Knoblauchzehen, frisch gemahlener Pfeffer, 500 g Hähnchenbrustfilet, Salz, edelsüßes Paprikapulver, 2 Zweige Rosmarin, 4 Zweige Thymian

1. Backofen auf 200°C Ober-/Unterhitze (170°C Umluft) vorheizen.
2. Kartoffeln gründlich waschen und in dünne Spalten schneiden. Paprikaschoten waschen, Kerne und weiße Innenhäute entfernen und in große Würfel schneiden. Zucchini putzen, waschen, längs halbieren und in Scheiben schneiden. Schalotten schälen und je nach Größe evtl. halbieren.
3. In einer großen Schüssel MAGGI Klare Hühner-Bouillon in 50 ml warmem Wasser auflösen. Zitrone auspressen und den Saft zugeben. THOMY Reines Sonnenblumenöl hineinrühren. Knoblauchzehen schälen und hinein pressen. Mit Pfeffer würzen.
4. Das Gemüse zugeben und mit der Marinade vermischen.
5. Hähnchenbrustfilet waschen, trocken tupfen und in große Würfel schneiden. Mit Salz, Pfeffer und Paprikapulver würzen.
6. Das marinierte Gemüse zusammen mit den Hähnchenbrustwürfeln auf ein Backblech geben. Rosmarin und Thymian waschen, trocken schütteln, darauf verteilen und im Backofen 30-35 Min. garen, bis die Kartoffeln weich sind.

Tipp: Statt der Kartoffeln können Sie auch Süßkartoffeln verwenden.

MAGGI KOCHSTUDIO Ernährungsinfo:

Kalorienbewusst

Je Portion:
B: 1345 kJ (322 kcal)
N: E 34g, KH 25g, F 7g

Maggi
KOCHSTUDIO
Frankfurt

HERZLICH WILLKOMMEN
im
MAGGI KOCHSTUDIO

Maggi
KOCHSTUDIO
50 Jahre

Die Kochbücher und Rezeptkarten aus dem Maggi Kochstudio sind der Hit. So hat man stets das passende Rezept zur Hand. Außerdem finden Sie immer interessante Tipps und Tricks sowie aktuelle Informationen zu einer ausgewogenen Ernährung mit frischen Zutaten.

Die Maggi Minikochbücher sind längst Kult – 16 Bände und eine Auflage von 21 Millionen sprechen für sich. Da darf eine Jubiläumsausgabe 2009 natürlich nicht fehlen.

Lieblings-Rezept

Gebackener Seeteufel auf Gemüse und Oliven

4 Portionen (Zubereitungszeit 40 Min.)

1 unbehandelte Zitrone, 800 g Seeteufel (küchenfertig - am Stück), MAGGI Würzmischung 1 – gebratenes Fleisch, 300 g kleine Kartoffeln, 5 Frühlingszwiebeln, 400 g kleine Strauchtomaten, 4 Knoblauchzehen, 8 EL THOMY Sonne & Olive, 2 TL MAGGI Klare Gemüsebrühe, 80 g schwarze, entsteinte Oliven, 3 Zweige Rosmarin, ½ Bund glatte Petersilie

1. Backofen auf 220°C Ober-/Unterhitze (190°C Umluft) vorheizen.
2. Zitrone heiß abwaschen und längs halbieren. Von der einen Hälfte den Saft auspressen, die andere Hälfte in Spalten schneiden und zur Dekoration zurückbehalten.
3. Seeteufel waschen, trocken tupfen und mit dem Zitronensaft beträufeln. Mit MAGGI Würzmischung 1 würzen.
4. Kartoffeln waschen und je nach Größe längs halbieren oder vierteln. Frühlingszwiebeln putzen, waschen und mit dem Grün in ca. 5 cm lange Stücke schneiden. Strauchtomaten waschen, den Blütenansatz entfernen und evtl. halbieren. Kleinere können auch ganz verwendet werden. Knoblauchzehen schälen.
5. In einem länglichen Bräter 6 EL THOMY Sonne & Olive heiß werden lassen. Den Seeteufel darin von beiden Seiten ca. 5 Min. anbraten. Anschließend aus dem Bräter nehmen.
6. Das vorbereitete Gemüse zusammen mit den Knoblauchzehen in dem Bratöl kurz andünsten und mit MAGGI Würzmischung 1 würzen.
7. 100 ml Wasser mit 2 EL THOMY Sonne & Olive und MAGGI Klare Gemüsebrühe verrühren und dazugießen. Den Seeteufel auf das Gemüse setzen. Oliven darüber verteilen.
8. Rosmarin waschen und trocken schütteln. Einen Zweig zur Dekoration zurückbehalten. Die anderen auf den Fisch und das Gemüse legen. Die Zitronenspalten ebenfalls auf Fisch und Gemüse verteilen. Im Backofen ca. 25 Min backen.
9. Petersilie waschen, trocken schütteln und klein schneiden. Den Fisch und das Gemüse kurz vor dem Servieren damit bestreuen und mit dem Rosmarinzweig garniert servieren.

Tipp: Statt Seeteufel können Sie auch andere festfleischige Fischsorten verwenden.

MAGGI KOCHSTUDIO Ernährungsinfo:

mit Olivenöl

Je Portion:
B: 2240 kJ (534 kcal)
N: E 33g, KH 20g, F 34g

Lieblings-Rezept

Knusperfisch mit Weißwein-Kräuter-Sauce

4 Portionen (Zubereitungszeit 40 Min.)

1 unbehandelte Zitrone, 400 g tiefgefrorene Seelachsfilets, 30 g Butter, MAGGI Würzmischung 1 – gebratenes Fleisch, 1 Ciabatta-Brötchen, 1 Knoblauchzehe, 1 Möhre, 1 Frühlingszwiebel, 1 Beutel MAGGI Meisterklasse Kräuter-Sauce mit feiner Dill-Note, 50 ml Sahne, 2 EL Weißwein

1. Backofen auf 200°C Ober-/Unterhitze (170°C Umluft) vorheizen.
2. Zitrone heiß abwaschen und die Schale abreiben. Saft auspressen. Seelachsfilets auftauen, waschen und trocken tupfen. Eine Auflaufform mit 10 g Butter einfetten. Die Fischfilets mit MAGGI Würzmischung 1 würzen, mit 1 EL Zitronensaft beträufeln und in die Auflaufform legen.
3. Ciabatta-Brötchen in kleine Würfel schneiden und mit dem Blitzhacker zu feinen Bröseln verarbeiten. Knoblauchzehe schälen, durchpressen, mit der Zitronenschale, restlichem Zitronensaft und den Ciabattabröseln mischen. Auf dem Fisch verteilen und im Backofen ca. 30 Min. backen.
4. Möhre putzen, waschen, schälen und in dünne Stifte schneiden. Frühlingszwiebel putzen, waschen und in dünne Ringe schneiden.
5. In einem Topf 20 g Butter heiß werden lassen. Das Gemüse darin andünsten. 200 ml Wasser zugießen und erwärmen. MAGGI Meisterklasse Kräuter-Sauce mit feiner Dill-Note mit dem Schneebesen einrühren, zum Kochen bringen und bei geringer Wärmezufuhr 3 Min. kochen. Dabei gelegentlich umrühren. Von der Kochstelle nehmen, Sahne unterrühren und heiß werden lassen. Mit Weißwein abschmecken. Den Knusperfisch mit der Weißwein-Kräuter-Sauce anrichten und servieren.

Servieren Sie dazu Reis.

Tipp: Beim Abreiben der Zitronenschale nicht die weiße Haut mitreiben, da diese Bitterstoffe enthält.

MAGGI KOCHSTUDIO Ernährungsinfo:

Kalorienbewusst

Je Portion:
B: 1138 kJ (271 kcal)
N: E 20g, KH 13g, F 14g

Wolfgang Fierek

Claus-Theo Gärtner

Maggi KOCHSTUDIO 50 Jahre

Christian Neureuther

Ursela Monn

Jenny Jürgens

Im Laufe der Jahre haben zahlreiche Prominente im Maggi Kochstudio gekocht. Auch hier hieß das Motto „Kochen macht Spaß" und das sieht man den prominenten Gästen auch an.

Gaby Dohm

Lieblings-Rezept

Lachs im Wirsing-Päckchen

2 Portionen (Zubereitungszeit 40 Min.)

2 (à 125 g) tiefgefrorene Lachsfilets, 4 Wirsingblätter, 2 EL THOMY Gourmet-Sahne-Meerrettich „mild“, 125 ml Sahne, 1 Beutel MAGGI fix & frisch Lachs-Sahne Gratin, 1 EL Zitronensaft

1. Backofen auf 200°C Ober-/Unterhitze (170°C Umluft) vorheizen. Lachsfilets auftauen lassen.
2. Wirsingblätter waschen und den Strunk keilförmig herausschneiden. In kochendes Wasser geben und ca. 3 Min. kochen lassen (blanchieren). Herausnehmen, mit kaltem Wasser abschrecken und abtropfen lassen.
3. THOMY Gourmet-Sahne-Meerrettich „mild“ auf die Wirsingblätter streichen. Lachsfilets halbieren und je ein Stück auf ein Wirsingblatt legen. Die Wirsingblätter seitlich einschlagen und von der Strunkseite her zu Päckchen rollen.
4. Wirsingpäckchen in eine Auflaufform (ca. 20 x 25 cm) legen.
5. In einem Topf Sahne und 125 ml Wasser heiß werden lassen. MAGGI fix & frisch Lachs-Sahne Gratin einrühren und zum Kochen bringen. Zitronensaft zugeben und über den Lachs-Wirsingpäckchen verteilen. Im Backofen ca. 25 Min. backen.

Tipp: Anstelle von Zitronensaft können Sie auch Weißwein verwenden.

MAGGI KOCHSTUDIO Ernährungsinfo:

Je Portion:
B: 1811 kJ (433 kcal)
N: E 26g, KH 14g, F 30g

Lachsgratin mit Spinat

Kult-Rezept

2 Portionen (Zubereitungszeit 40 Min.)

150 g tiefgefrorener Blattspinat, 1 Packung (250 g) tiefgefrorene Lachsfilets, 1 Beutel MAGGI fix & frisch Lachs-Sahne Gratin, 250 ml Sahne, 1 EL Pinienkerne oder Mandelblättchen

1. Backofen auf 200°C Ober-/Unterhitze (170°C Umluft) vorheizen.
2. Blattspinat auftauen lassen und gut ausdrücken. Lachs auftauen lassen, waschen und trocken tupfen. Den Spinat in eine Auflaufform geben und den Lachs darauflegen.
3. MAGGI fix & frisch Lachs-Sahne Gratin mit Sahne verrühren und über den Lachs gießen.
4. Mit Pinienkernen oder Mandelblättchen bestreuen und im Backofen ca. 25 Min. backen.

Servieren Sie dazu Reis oder Bandnudeln.

MAGGI KOCHSTUDIO Ernährungsinfo:

Je Portion:
B: 2590 kJ (618 kcal)
N: E 29g, KH 13g, F 49g

Lieblings-Rezept

Paprika-Röllchen mit Thunfischfüllung

16 Stück (Zubereitungszeit 60 Min.)

je 2 rote und gelbe Paprikaschoten, 1 Beutel MAGGI NaturPur Bio Salatsauce Paprika-Kräuter, 4 EL Rotweinessig, 3 EL Zitronensaft, 2 TL Zucker, 1 TL edelsüßes Paprikapulver, 100 ml THOMY Sonne & Olive, 1 Dose (185 g) Thunfisch in Öl, 5 EL THOMY Delikatess-Mayonnaise, 2 EL frisch gehackte Petersilie, MAGGI Würzmischung 1 – gebratenes Fleisch, Holzspießchen

1. Backofengrill vorheizen.
2. Paprikaschoten waschen, Kerne und weiße Innenhäute entfernen und halbieren. Mit der Hautseite nach oben auf ein Backblech legen. Unter dem Grill ca. 10 Min. rösten, bis die Haut Blasen wirft. Herausnehmen, Paprikaschoten mit einem feuchten Geschirrtuch abdecken und 10 Min. ruhen lassen. Anschließend die Haut abziehen und die Paprika längs halbieren.
3. Für die Paprika-Marinade: MAGGI NaturPur Bio Salatsauce Paprika-Kräuter mit Rotweinessig, 2 EL Zitronen saft, Zucker, Paprikapulver und THOMY Sonne & Olive verrühren. Paprika in die Marinade legen und ca. 30 Min. ziehen lassen.
4. Für die Thunfischfüllung: Thunfisch in Öl abtropfen lassen. Thunfisch zerkleinern und mit THOMY Delikatess-Mayonnaise verrühren. 1 EL Zitronensaft und Petersilie untermischen. Mit MAGGI Würzmischung 1 abschmecken.
5. Paprika abtropfen lassen und die Marinade auffangen. Einen Teelöffel Thunfischfüllung auf die breitere Seite der Paprika geben und aufrollen. Mit Holzspießchen feststecken. Sollte von der Füllung etwas übrig bleiben, kann diese als Dip serviert werden.
6. Paprika-Röllchen auf einer Platte anrichten. Die Marinade über den Paprika-Röllchen verteilen und servieren.

Tipp: Die Paprika-Röllchen eignen sich gut zum Vorbereiten. Hierzu die Röllchen im Kühlschrank aufbewahren.

MAGGI KOCHSTUDIO Ernährungsinfo:

Je Stück:
B: 677 kJ (163 kcal)
N: E 2g, KH 3g, F 15g

Grüner Spargel mit Schollenröllchen

Lieblings-Rezept

4 Portionen (Zubereitungszeit 60 Min.)

1,5 kg grüner Spargel, 1 Prise Fondor, 1 Prise Zucker, 2 TL + 125 g Butter, 8 Schollenfilets, 8 Scheiben Lachsschinken, 8 Holzspießchen, 1 Zitrone, 1 Prise Salz, 1 Beutel MAGGI Meisterklasse Sauce Hollandaise

1. Spargel waschen und evtl. das untere Drittel schälen.
2. In einem Topf 2 l Wasser mit Fondor und Zucker zum Kochen bringen. 2 TL Butter und den Spargel zugeben und 20 Min. garen.
3. Schollenfilets waschen und trocken tupfen. Lachsschinken halbieren, auf die glatte Seite der Schollenfilets legen, zusammenrollen und mit Holzspießchen feststecken.
4. In einem Topf 500 ml Wasser mit dem Saft der Zitrone und Salz zum Kochen bringen. Schollenröllchen hinein geben und bei geringer Wärmezufuhr ca. 8 Min. gar ziehen lassen.
5. In einem Topf MAGGI Meisterklasse Sauce Hollandaise mit dem Schneebesen in 125 ml kaltes Wasser einrühren. Unter Rühren zum Kochen bringen. 125 g Butter in Stücke schneiden und bei geringer Wärmezufuhr gut unterschlagen, bis sie geschmolzen ist. Sofort von der Kochstelle nehmen.
6. Sauce Hollandaise mit Spargel und Schollenröllchen auf Tellern anrichten.

Servieren Sie dazu Petersilien-Kartoffeln.

Tipp: Anstelle von grünem Spargel können Sie das Gericht auch mit weißem Spargel zubereiten.

MAGGI KOCHSTUDIO Ernährungsinfo:

Je Portion:
B: 2762 kJ (662 kcal)
N: E 66g, KH 13g, F 37g

hmm... Maggi
Maggi
KOCHSTUDIO
Maggi
KOCHSTUDIO
Dortmund

Neue Rezepte
KOCHSTUDIO
Kochkurse

Ab September 2006
freuen wir uns auf
Ihren Besuch!

LASS ES
GRILLEN!
Maggi
THOMY
NUR FÜR KURZE ZEIT!
Neu
Maggi
NUR FÜR KURZE ZEIT!
Maggi

Maggi
KOCHSTUDIO
50 Jahre

Lieblings-Rezept

Spargel mit leichter Parmesan-Basilikum-Hollandaise

3 Portionen (Zubereitungszeit 30 Min.)

750 g weißer Spargel, 1 TL Fondor, 20 g Butter, 1 Prise Zucker, 40 g Parmesan, 1 Beutel MAGGI Meisterklasse Sauce Hollandaise »fettarm«, 2 EL gehackte Basilikumblätter, 100 g Parmaschinken

1. Spargel waschen und schälen.
2. In einem Topf 1 l Wasser mit Fondor, Butter und Zucker zum Kochen bringen. Den Spargel darin 10-15 Min. bissfest kochen.
3. Parmesan fein reiben.
4. 250 ml kaltes Wasser in einen Topf gießen. MAGGI Meisterklasse Sauce Hollandaise »fettarm« mit dem Schneebesen einrühren und zum Kochen bringen. Bei geringer Wärmezufuhr ½ Min. kochen. Parmesan zugeben und unter Rühren schmelzen lassen. Basilikum unterrühren.
5. Den Spargel abgießen und mit dem Parmaschinken anrichten oder nach Belieben portionsweise in den Schinken einrollen. Die Parmesan-Basilikum-Hollandaise dazu servieren.

Dazu passen Gnocchi oder Kartoffeln.

Tipp: Statt Parmaschinken können Sie auch Schwarzwälder oder gekochten Schinken verwenden.

MAGGI KOCHSTUDIO Ernährungsinfo:

Kalorienbewusst

Je Portion:
B: 1003 kJ (239 kcal)
N: E 16g, KH 12g, F 13g

Lieblings-Rezept

Bunte Gemüseplatte

4 Portionen (Zubereitungszeit 45 Min.)

2 Möhren, 250 g Blumenkohl, 250 g Broccoli, 250 g Zuckerschoten, 1 TL MAGGI Klare Gemüsebrühe, 1 Beutel MAGGI Meisterklasse Sauce Hollandaise, 125 g Butter

1. Möhren putzen, waschen, schälen und in Scheiben schneiden. Blumenkohl und Broccoli putzen, waschen und in Röschen teilen. Zuckerschoten putzen und waschen.
2. 125 ml Wasser zum Kochen bringen. MAGGI Klare Gemüsebrühe darin auflösen. Möhren darin ca. 4 Min. garen. Blumenkohl, Broccoli und Zuckerschoten zugeben und weitere 10 Min. garen. Gemüse auf einer Platte anrichten und warm stellen.
3. In einem Topf MAGGI Meisterklasse Sauce Hollandaise mit dem Schneebesen in 125 ml kaltes Wasser einrühren. Unter Rühren zum Kochen bringen.
4. Butter in Stücke schneiden und bei geringer Wärmezufuhr gut unterschlagen, bis sie geschmolzen ist. Sofort von der Kochstelle nehmen. Sauce zur Gemüseplatte servieren.

Servieren Sie dazu neue Kartoffeln.

MAGGI KOCHSTUDIO Ernährungsinfo:

mit Ballaststoffen · Vegetarisch

Je Portion:
B: 1465 kJ (350 kcal)
N: E 8g, KH 14g, F 28g

Lieblings-Rezept

Birnen-Crumble mit Ingwer

6 Portionen (Zubereitungszeit 60 Min.)

20 g kandierter Ingwer, 4 Birnen, 1 EL Zitronensaft, 20 g Butter, 2 EL Quittengelee, 125 g Mehl, 50 g Zucker, 70 g kalte Butter, 2 EL Mandelblättchen, 6 Kugeln Vanilleeis

1. Backofen auf 200°C Ober-/Unterhitze (170°C Umluft) vorheizen.
2. Ingwer fein hacken. Birnen waschen, schälen, Kerngehäuse entfernen und jede Hälfte in 8 Spalten schneiden. Mit Zitronensaft beträufeln.
3. In einer Pfanne Butter zerlassen. Die Birnen darin ca. 2 Min. braten.
4. Quittengelee zufügen, schmelzen und die Birnen so lange unter Rühren dünsten, bis das Quittengelee eingedickt ist. Die Pfanne von der Kochstelle nehmen, den Ingwer zugeben und in eine Auflaufform füllen.
5. Mehl, Zucker und Butter zu Streuseln kneten und über den Birnen verteilen. Mit Mandelblättchen bestreuen. Im Backofen ca. 40 Min. backen. Den Crumble etwas abkühlen lassen und auf Desserttellern verteilen.
6. Mit Vanilleeis anrichten und servieren.

Tipp: Der Crumble kann im Backofen bei 150°C in 10 Min. nochmals aufgebacken werden.

MAGGI KOCHSTUDIO Ernährungsinfo:

Je Portion:
B: 1532 kJ (365 kcal)
N: E 5g, KH 43g, F 18g

Unter **www.maggi.de** kann sich der Internet-User seit 1995 auch in die „virtuelle" Außenstelle des Maggi Kochstudios einklicken, die allein im Jahr 2007 etwa 4,7 Millionen Besuche, über 40 Millionen Page Impressions und mehr als 8 Millionen Rezept-Downloads zählte. Insgesamt finden sich über 8500 geprüfte Rezepte in der Datenbank.

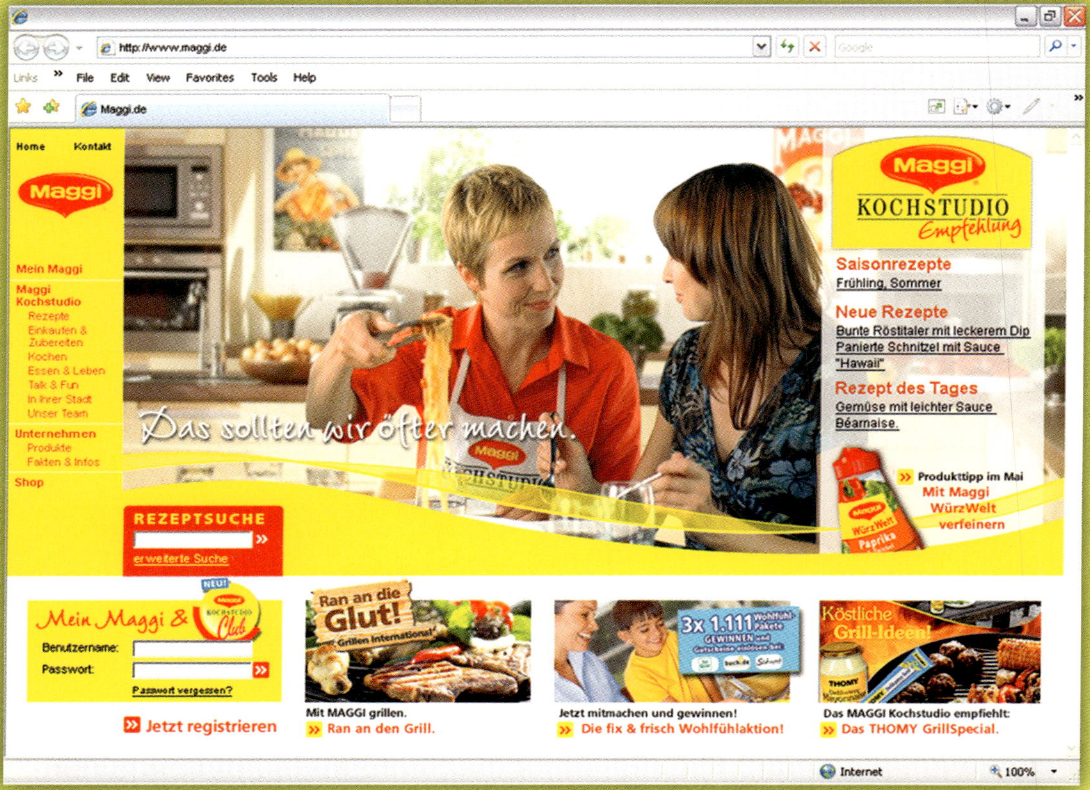

Aktuell im Internet:
Welcher Kochtyp steckt in Ihnen?
Mit dem neuen Kochtypentest auf www.maggi.de entdeckt man in nicht einmal 10 Minuten, welcher Kochtyp in einem steckt. Ob der „Lecker & gesund-Kochtyp" oder der „Schnell & einfach-Kochtyp" oder…
Steht der Kochtyp fest, gibt es speziell darauf zugeschnittene Rezepte, Tipps und Informationen.

Zum 50jährigen Jubiläum erscheint bei Playmobil eine Sonderedition der beliebten Figur.

Lieblings-Rezept

Chili-Schokoladen-Mousse

8 Portionen (Zubereitungszeit 30 Min.)

150 g Schokolade mit Chili, 2 Eigelb, 30 g Zucker, 200 ml Sahne

1. In einem Topf über dem Wasserbad Schokolade mit Chili schmelzen und etwas abkühlen lassen.
2. Eigelbe mit Zucker über dem Wasserbad schaumig aufschlagen, bis der Zucker gelöst ist. Die Schokolade in die Eimasse einrühren und abkühlen lassen.
3. Die Sahne steif schlagen und unter die erkaltete Masse heben. In Portionsschälchen oder Gläser füllen und kalt stellen.

Zubereitungszeit ohne Kühlzeit.

Tipp: Wer es schärfer mag, kann mit Chilipulver nachwürzen.

MAGGI KOCHSTUDIO Ernährungsinfo:

Je Portion:
B: 784 kJ (187 kcal)
N: E 3g, KH 13g, F 13g

Schwarzwaldtrifle

Lieblings-Rezept

8 Portionen (Zubereitungszeit 45 Min.)

200 g Schokoladenrührkuchen (Fertigprodukt), 1 Glas (720 ml) Sauerkirschen, 2 TL Speisestärke, 2 EL Kirschwasser, 250 g Speisequark (40 % Fett i.Tr.), 4 Becher (à 125 g) NESTLÉ LC1 Vanilla, 2 EL Schokoladenraspeln

1. Schokoladenrührkuchen in 1 x 1 cm große Würfel schneiden.
2. Sauerkirschen auf einem Sieb abtropfen lassen und den Saft dabei auffangen. 200 ml der Abtropfflüssigkeit in einem Topf zum Kochen bringen.
3. Speisestärke mit 2 EL kalter Abtropfflüssigkeit verrühren, den Saft im Topf damit abbinden und die Kirschen wieder zugeben. Abkühlen lassen.
4. Kirschwasser mit 3 EL Abtropfflüssigkeit verrühren und die Kuchenwürfel damit beträufeln.
5. Speisequark mit NESTLÉ LC1 Vanilla und Schokoraspeln verrühren. Abwechselnd Kirschen, Kuchenwürfel und Quark in Gläsern oder eine Auflaufform schichten.

MAGGI KOCHSTUDIO Ernährungsinfo:

Je Portion:
B: 1109 kJ (265 kcal)
N: E 7g, KH 30g, F 11g

Lieblings-Rezept

Blaubeercreme mit Vanillesoße

4 Portionen (Zubereitungszeit 45 Min.)

250 g Heidelbeeren, 4 EL Zucker, 125 g Magerquark, 125 g Mascarpone, 1 Päckchen Vanillezucker, 2 EL Honig, 1 EL Puderzucker, 1 unbehandelte Zitrone, 200 ml Milch, 2 Eigelb, ½ Vanilleschote

1. Heidelbeeren verlesen, waschen und in einem Sieb abtropfen lassen. Eine Hälfte der Heidelbeeren pürieren. Die andere Hälfte mit 2 EL Zucker mischen.
2. Quark mit Mascarpone, Vanillezucker, Honig und Puderzucker verrühren. Zitrone heiß abwaschen, die Schale abreiben und unter die Creme rühren. Die Hälfte der Creme mit den pürierten Heidelbeeren verrühren.
3. Für die Vanillesoße in einem Topf Milch erwärmen. Von der Vanilleschote das Mark herauskratzen, zur Milch geben und zusammen mit der Vanilleschote einmal aufkochen. Die Vanilleschote entfernen.
4. Eigelbe mit Zucker verrühren. Die Eigelb-Zucker-Mischung mit einem Schneebesen einrühren, kräftig aufschlagen und den Topf vom Herd nehmen. Etwas abkühlen lassen. Dabei gelegentlich umrühren, damit sich keine Haut bildet.
5. Die Zitronencreme, die Heidelbeercreme und die gezuckerten Heidelbeeren abwechselnd in Dessertgläser schichten. Ca. 2 Std. in den Kühlschrank stellen. Die Vanillesoße darüber geben und servieren.

Zubereitungszeit ohne Kühlzeit.

Tipp: Anstelle der Blaubeeren können Sie das Dessert auch mit Waldfrüchten zubereiten. Außerhalb der Saison können Sie tiefgekühlte Beeren verwenden.

MAGGI KOCHSTUDIO Ernährungsinfo:

Je Portion:
B: 1632 kJ (389 kcal)
N: E 11g, KH 41g, F 18g

Lieblings-Rezept

Vanilla-Mousse mit Himbeersauce

6 Portionen (Zubereitungszeit 60 Min.)

5 Blatt Gelatine, 4 Becher (à 125 g) NESTLÉ LC1 Vanilla, 40 g Puderzucker, 200 ml Sahne, 300 g tiefgefrorene Himbeeren, 2 EL Zucker, 1 TL Vanillezucker, 1 TL Zitronensaft, 3 EL gehackte Pistazienkerne, 6 Minzeblättchen

1. Gelatine in kaltem Wasser einweichen.
2. In einer Schüssel NESTLÉ LC1 Vanilla mit Puderzucker glattrühren. Die Gelatine ausdrücken und in einem Topf bei geringer Wärmezufuhr auflösen. Mit ¼ der Joghurt-Masse zügig verrühren, anschließend mit der restlichen Joghurt-Masse glattrühren und 20 Min. kalt stellen.
3. In einer Schüssel Sahne steif schlagen und mit einem Schneebesen unter die Joghurtmasse heben und weitere 30 Min. kalt stellen.
4. Inzwischen für die Himbeersauce Himbeeren in einem Topf mit Zucker und 2 EL Wasser zum Kochen bringen. Mit dem Schneidestab pürieren und mit Vanillezucker und Zitronensaft abschmecken.
5. Von der Vanilla-Mousse Nocken abstechen, mit der Himbeersauce auf Tellern anrichten und mit Pistazienkernen und Minzeblättchen garniert servieren.

Zubereitungszeit ohne Kühlzeit.

Tipp: Statt einem Teelöffel Zitronensaft können Sie die Himbeersauce auch mit einem Esslöffel Amaretto abschmecken.

MAGGI KOCHSTUDIO Ernährungsinfo:

Je Portion:
B: 1176 kJ (280 kcal)
N: E 7g, KH 28g, F 14g

Sämtliche Rezepte werden von den Maggi Experten unter ernährungsphysiologischen Aspekten und nach hauswirtschaftlichen Erkenntnissen entwickelt. Die Ergebnisse werden ständig von Mitarbeitern verkostet und geprüft.

Das Maggi Kochstudio on tour
Kreative Rezeptideen, clevere Tricks zur Zubereitung, persönliche Beratung rund um Kochen und Genießen. Wenn das Maggi Kochstudio in den Lebensmittelmärkten unterwegs ist, faszinieren die Kochvorführungen stets aufs Neue mit Köstlichem zum Probieren.

Das Maggi Kochstudio „live“ – auch in Ihrer Stadt

MAGGI KOCHSTUDIO Frankfurt/M.
Neue Kräme 27
60311 Frankfurt am Main
Telefon 069/91399322
Telefax 069/91399323

MAGGI KOCHSTUDIO Dortmund
Westenhellweg 85-89
44137 Dortmund
Telefon 0231/1811660
Telefax 0231/1811670

MAGGI KOCHSTUDIO Leipzig
Petersbogen, Petersstraße 36-44
04109 Leipzig
Telefon 0341/1497774
Telefax 0341/1497775

MAGGI KOCHSTUDIO München
Tal 31/Isartor
80331 München
Telefon 089/21568204
Telefax 089/21568358

MAGGI KOCHSTUDIO Hamburg
Bergstraße 17/Ecke Jungfernstieg
20095 Hamburg
Telefon 040/30381703
Telefax 040/323740

Rezepte A – Z

Rezepte nach Kategorien

Vorspeisen

Salat

Suppen & Eintöpfe

Pasta

Fleisch

Geflügel

Fisch

Gemüse

Dessert

Impressum

Bildnachweis
Fotos: MAGGI KOCHSTUDIO

Herausgeber: MAGGI KOCHSTUDIO

Idee, Konzeption und Umsetzung:
CPA! Communications- und Projektagentur GmbH, Wiesbaden
www.cpagmbh.de

Foodfotografie:
Michael Link, Wiesbaden

Buchgestaltung:
Michael Kasper, Visuelle Kommunikation, Emmelshausen

Reproduktion:
Lorenz & Zeller, Inning am Ammersee

Printed in Slovakia

ISBN: 978-3-941641-06-8

Ganz einfach lecker:
Damals wie heute werden
im Maggi Kochstudio
für Sie immer wieder
köstliche Rezeptideen
entwickelt und getestet.

Die „Minis" vom Maggi
Kochstudio – heute heiß
begehrtes Kult- und
Sammel-Objekt.

Das Maggi Kochstudio-
Team feiert die deutsche
Wiedervereinigung und
begrüßt die neuen
Bundesländer.

1984 1985 1986 1987 1988 1989 1990 1991 1992 1993 1994 1995